_____님께

하수는 승리를 취하고 사람을 잃는 반면
고수는 승리를 넘기고 가치를 얻습니다.
일과 인생에서 가치를 추구하는
일류 협상가가 되기를 기원합니다.

협상은 감정이다

승리는 넘기고 가치를 얻어라

협상은 감정이다

승리는 넘기고 가치를 얻어라

최철규 · 김한솔 지음

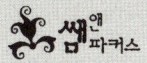

프롤로그

우리는 협상에 대해
오해하고 있었다

아내와 아이들과 함께 마트에 갔을 때다. 식료품 코너를 돌고 있는데 여섯 살 난 아들 인우가 시식코너의 만두를 보더니 광분하기 시작한다. 한 개, 두 개, 세 개…… 이건 시식이 아니라 식사 수준이다. 그래도 시식코너 아주머니는 짜증 한 번 내지 않고 "뜨거우니 천천히 먹어"라고 말하며 만두를 한입에 먹을 수 있도록 잘라준다. 미안한 표정을 짓고 있던 아내, 갑자기 냉동만두 두 봉지를 카트에 집어넣는다. 아내에게 물었다. "집에 만두 없어?" 아내의 답변. "있어." 황당한 나는 재차 물었다. "그런데 왜? 행사 제품도 아닌데…." 아내의 짧은 대답이 돌아온다. "고맙잖아." 그렇게 냉동만두는 우리 집 냉동실에 차곡차곡 쌓여갔다.

지난 10년간 400차례 이상 협상 워크숍과 컨설팅을 진행하면서 느낀 점은, 많은 사람들이 협상에 대해 오해하고 있다는 사실이다. 협상이란 결국 '각자의 경제적 이익을 극대화하는 게임'이라는 고정관념이 바로 그것이다.

먹고사는 일이 전부인 시대에는 이런 주장이 통했다. 하지만 지금은 어떤가? 시장에는 비슷비슷한 경제적 가치를 제공하는 물건과 서비스들이 넘쳐난다. 한마디로 '공급 과잉의 시대'다. 이런 시대에 사람의 마음을 '경제적 이익'만으로 사로잡겠다는 것 자체가 어설픈 발상이다. 경제적 이익을 뛰어넘는, 차별화된 접근법이 필요하다.

이런 차별화된 협상방식을 가리켜 우리는 '협상 3.0'이라 이름 지었다. 서로의 경제적 이익을 키우는 데만 집중하는 '협상 1.0'이나 '협상 2.0'이 아닌, 서로의 감정적 만족도를 높이고 이를 바탕으로 더 큰 가치를 만드는 협상법이라 할 수 있다.

이 책에는 기존의 패러다임으로 봤을 때 바보 같은 협상가가 많이 등장한다. 연봉 3,000달러를 요구하는 학자에게 1만 달러를 준 학장. 패장에게 터무니없이 관대한 협상조건을 내건 장군. 이들의 공통점은 단 하나다. 순간의 이익Interest보다는 미래의 가치Value를 추구했다는 것.

협상 강의를 하다 보면 스스로 협상을 잘한다고 생각하는 분들이

가끔 있다. 갑甲 생활을 오래 한 대기업 임원들, 특히 구매 담당이 그렇다. 왜 그렇게 생각하는지 물으면 답은 대개 비슷하다. 상대의 요구Position를 최소로 받아들이고 내 요구를 최대한 관철시켰다는 것. 한마디로 적게 주고 많이 받았다는 얘기다. 자신의 우월적 지위를 이용해서 말이다.

협상 3.0의 관점에서 봤을 때, 이런 협상은 '성공한' 협상이 아니다. 그냥 '이긴' 협상이다. 단기적으로 경제적 이익을 극대화했을지는 몰라도, 협력업체로부터 얻을 수 있는 '신뢰', 우리 기업에 대한 '평판'이라는 가치는 모두 내동댕이쳤기 때문이다. 물론 찰나의 경제적 이익이 신뢰나 평판이라는 가치보다 더 소중하다고 생각한다면 그럴 수 있다. 하지만 생각해 볼 문제다. 기업 간 거래라는 게 과연 한 번에 그치고 말 이벤트인지, 아니면 꾸준히 지속될 인연인지. 앞으로 계속 만나야 하는 상대의 마음에 나에 대한 미움과 불신을 심는 것만큼 어리석은 짓은 없다. 당장은 돈을 아껴 좋을지 몰라도, 그 과정에서 놓친 가치들이 나중에 얼마나 큰 손실로 되돌아올지 알 수 없는 일이다.

지난 2년 동안〈동아비즈니스리뷰(DBR)〉에 '가치협상 3.0'이란 주제로 연재해왔다. 또〈조선일보〉에 '최철규의 소통리더십'이란 칼럼을 통해 가치협상을 말해왔다. 이것들을 정리해 책으로 묶었다. 감사하게도 많은 분들이 글을 읽고 가치협상에 대해 공감을 전해왔다. 한 외국계 구매 담당자는 "지금까지 협상이 아닌 협박을 한 것 같아 부끄러웠다"는 말과 함께 상대와 좋은 관계를 맺는 협상법을 물어왔다. 이 밖에도 '을乙이 갑甲을 상대로 어떻게 협상해야 하는지' '상대가 무리한 요구를 할 때 어떻게 대응해야 하는지' '까다로운 상사와 어떻게 협상할지' 등 독자들의 다양한 질문이 이어졌다.

이 책은 이런 질문에 대한 답이다. 우선 상대와 좋은 관계를 맺기 위해 사람의 감정에 어떻게 접근해야 하는지 썼다. 이어서 협상에서 상대의 인식을 바꾸는 방법, 상대의 행동을 변화시키는 원리를 차례대로 다뤘다. 마지막 장에서는 협상가들이 실전에서 활용하는 협상 준비 도구 ACE Negotiation Tool를 소개했다.

이 책이 끝날 때 여러분의 머릿속에 일류 협상가에 대한 정의가 이렇게 완성되길 기대한다.

"승리는 넘기고 가치를 얻은 사람."

지금 당신이 얻고 싶은 가치는 무엇인가? 그것을 얻기 위해 무엇을 해야 하는지, 지금부터 함께 알아보자.

차 례

프롤로그 | 우리는 협상에 대해 오해하고 있었다 • 6

1. '돈'이 아니라 '가치'를 충족시켜라 • 15

분배적 협상 : 승자와 패자가 나뉘는 제로섬 게임 • 21

통합적 협상 : 경제적 이익을 공정하게 나누는 게임 • 26

가치 중심 협상 : 사람의 마음과 가치에 집중한다 • 31

조건이 아닌 사람을 보라 • 35

`이것만은!` 협상의 진화를 기억하라 • 39

2. 감정의 방향부터 맞춰라 • 41

익숙함으로 다가가라 • 48

작은 'Yes'가 큰 'Yes'를 만든다 • 55

공짜 양보를 하지 마라 • 58

원칙을 지켜라 • 61

협상의 잔재주에 휘둘리지 않는 법 • 65

ABC 통신의 사술 1 : 스트레스 전술 • 67 | ABC 통신의 사술 2 : 굿가이 배드가이 Good Guy, Bad Guy 전술 • 68 | ABC 통신의 사술 3 : 니블링 Nibbling 전술 • 70

`이것만은!` 감정의 방향부터 맞춰라 • 73

3. 협상은 결국 '말'이다 • 75
'인정'하지 않아도 된다, 그냥 '공감'하라 • 80
'부정'을 '긍정'으로 포장하라 • 85
'이슈'와 '관계'를 분리하라 • 88
이것만은! 마음을 얻는 말을 하라 • 95

4. '틀'에 의도를 관철시켜라 • 97
첫 제안은 최대한 세게! • 104
단점을 신뢰로 전환시켜라 • 111
상대가 잃게 될 것을 일깨워라 • 115
이것만은! '틀'에 의도를 관철시켜라 • 121

5. 대안 없이 벼랑 끝에 서지 마라 • 123
배트나가 있으면 '을'도 파트너가 된다 • 129
배트나는 주어지는 것이 아니라 만들어내는 것 • 132
당신의 배트나는 상대의 것보다 힘이 센가? • 139
이것만은! 대안 없이 벼랑 끝에 서지 마라 • 147

6. 논리를 세워야 인식이 바뀐다 • 149
사실Fact로 협상하라 • 152
객관적 기준Standard부터 정하라 • 157
가장 강력한 기준은 '상대가 만든' 기준이다 • 163
이것만은! 협상의 가치를 키워줄 논리를 세워라 • 171

7. 말이 아닌 욕구에 귀 기울여라 • 173
요구와 욕구는 어떻게 다른가? • 179
상대가 원하는 걸 당신은 모른다, 질문하라! • 183
내가 아는 걸 상대는 모른다, 관점을 바꿔라! • 186
열쇠는 다른 곳에 있다, 히든메이커를 찾아라! • 189

이것만은! 말이 아닌 욕구에 귀 기울여라 • 195

8. 모두가 만족하는 대안은 밖에 있다 • 197
욕구와 욕구를 합쳐 '창조적 대안'을 만들어라 • 203
Bet : 내가 믿는 쪽으로 '내기를 걸어라' • 208
Rule Change : 답이 보이지 않을 땐 '룰을 바꿔라' • 213
Add : 안건을 '더해' 파이를 키워라 • 216
Chop : 이슈의 의미를 잘게 '쪼개라' • 220
Exchange : 상대와 나의 중요도가 다른 것끼리 '교환하라' • 225

이것만은! 창조적 대안을 찾아라 • 231

9. 실수의 여지를 만들지 마라 • 233
내부의 적을 없애는 법 • 238

나보다 중요한 것은 상대방이다 • 242
안건을 명확히 하라 • 243 | 요구를 정리하라 • 243 | 욕구를 파악하라 • 244 | 창조적 대안을 만들어라 • 244 | 객관적 기준을 찾아라 • 245 | 배트나를 파악하라 • 245 | 앵커 Anchor를 활용하라 • 246 | 미러링 포인트 Mirroring Point를 찾아라 • 247 | 협상 안건의 진행 순서를 정하라 • 248

이것만은! 실수의 여지를 만들지 마라 • 255

10. 실전은 한 번뿐이다 • 257

Case 1. 관계를 망치지 않는 협상법 • 260
    Answer 1. 같은 단어도 문화에 따라 다르게 해석된다 • 262
    Answer 2. 관계를 살리려면 아이 메시지 I-Message를 써라 • 264
    Answer 3. 다른 거래 조건들을 끌어들여 협상 판부터 키워라 • 266

Case 2. 상대가 친 덫을 역이용하라 • 267
    Answer 1. 까다로운 안건부터? 쉬운 안건부터? • 270
    Answer 2. 미끼 전술의 덫에 걸리지 마라 • 271
    Answer 3. 적극적으로 교환하라 • 273

Case 3. 협상이 불가능한 상대는 없다 • 274
    Answer 1. 매몰비용 Sunk-Cost의 함정에 빠지지 마라 • 277
    Answer 2. 유보 가치 Reservation Value를 정하라 • 279
    Answer 3. 제3의 힘을 이용하라 • 281
    Answer 4. 손실 회피 심리를 자극하라 • 282

에필로그 | 협상은 한 판의 전투가 아니다 • 285
참고문헌 • 290

'돈'이 아니라
—
'가치'를
—
충족시켜라

1

우리는 왜 협상을 할까? 뻔한 답이지만, 개인이든 조직이든 저마다 이해관계가 달라 조정이 필요하기 때문이다. 그런데 그 '이해관계의 다름'을 어떻게 받아들이느냐에 따라 협상 과정과 결과가 천차만별이다. 당신은 협상 상대를 적으로 보는가, 파트너로 보는가? 그에 따라 협상 결과는 또 어떻게 달라질까? 직접 확인해보자.

"**여보,** 대체 뭐가 불만인지 얘기를 해야 할 거 아냐? 응?"

나협상 팀장은 속이 점점 타들어가다 못해 이제 슬슬 짜증이 나려고 한다. 아내의 생일을 맞아 일찍 퇴근해서 맛있게 저녁식사를 한 뒤 아내가 원하는 대로 백화점에 들러 쇼핑을 하는 데까지는 좋았다. 그런데 그의 아내는 뭐가 불만인지 차를 타고 돌아오는 내내 아무 말도 하지 않았던 것.

"선물이 마음에 안 들어? 아니면 뭐 다른 걸 바란 거야? 대체 뭐야, 응?"

나협상 팀장을 뾰로통한 얼굴로 쳐다보던 아내가 드디어 입을 열었다.

"당신은 나한테 돈 쓰는 게 그렇게 아까워?"

30분 만에 아내 입에서 나온 그 한마디에 나협상 팀장은 머릿속이 하얘졌다. 아내가 왜 그런 생각을 했는지 도통 알 수가 없었다. 모처럼 회사에서 일찍 퇴근해 근사한 레스토랑에서 저녁식사를 하고, 백화점에 들러 선물까지 사 줬는데 돈을 아낀다니….

"여보, 그게 무슨 말이야? 내가 당신한테 돈 쓰는 걸 왜 아까워한다고 생각해?"

"그렇잖아! 그냥 계산하면 될 걸 '다른 매장에서는 5% 더 깎아준다더라' '이건 왜 백화점 할인카드가 적용이 안 되냐' '매번 오는데 그 정도 에누리도 안 해주냐'…. 옷 한 벌 사면서 꼭 그렇게 생색을 내야겠어? 매번 구차하게 왜 그래 진짜?"

부인의 심사가 단단히 뒤틀린 것은 다른 게 아니었다. 나협상 팀장이 물건을 살 때마다 점원과 가격 흥정하는 게 마음에 들지 않았기 때문. 예전에 함께 쇼핑할 때도 아내가 '꼭 이래야겠어?'라며 은근한 불만을 드러냈는데, 오늘 폭발해버린 것이다. 부인의 마음을 어떻게 풀어줄 수 있을까 고민하던 나 팀장은 오랜 생각 끝에 입을 열었다.

"여보, 내가 사람들이랑 사사건건 협상하는 게 보기 싫었던 거지? 그렇게 느꼈다면 미안해."

"그럼 이제부터 제발 좀 그러지 말았으면 좋겠어."

"알았어, 조심할게. 그런데 당신한테 하나 물어보고 싶은 게 있는

데 물어봐도 돼?"

"그래."

"당신은 협상하는 과정이 왜 구차하다고 생각해?"

"그렇잖아. 남들은 다 그냥 사는데 꼭 5,000원이라도 더 깎으려 하고… 사람들 눈도 있는데 백화점에서까지 매번 그래야겠어?"

쌓이고 쌓였던 불만이 폭발한 아내를 진정시키는 게 쉽지 않은 나협상 팀장. 하지만 그런 부인이 이해되지 않는 것은 아니었다. 나 팀장도 협상을 배우기 전까지는 부인과 같은 생각이었기 때문이다. 하지만 협상을 배운 뒤 그의 행동이 달라졌다.

"여러분, 협상은 몇억 원짜리 계약을 할 때나 FTA처럼 국가 간에 큰일이 있을 때만 하는 거창한 이벤트가 아닙니다. 일상의 커뮤니케이션에도 협상의 기본 개념을 활용하면 훨씬 더 부드러운 관계를 맺을 수 있습니다. 여러분의 비즈니스에도 큰 변화가 일어날 것입니다."

협상 교육 중에 들었던 강사의 이 말은 나협상 팀장의 가치관을 크게 바꾸어놓았다. 그 이후 그는 많은 일을 협상 원리로 풀어보려 노력했다. 가장 좋은 점은 협상 교육을 받은 뒤 회사 생활에 눈에 띄는 변화가 생겼다는 것. 부하직원을 비롯한 직장 동료들과의 커뮤니케이션이 훨씬 부드러워졌고, 거래처와의 협상에서도 서로 만족스러운 결과를 만들어낼 수 있었다. 정말 세 치 혀로 돈을 버는 것이 이런 것이구나 생각할 만큼.

그런데 이러한 태도가 부인에게는 '구차한 행동'이었다니… 부인을 어떻게 설득해야 할지 몰라 답답해하던 나 팀장은 협상 강사에게 물어보기로 하고 메일을 보냈다.

'협상이 구차하다고 생각하는 부인을 어떻게 설득해야 할까요?'

강사가 부디 아내의 생각을 돌릴 만한 멋진 대답을 해주길 바라며, 나협상 팀장은 자신 역시 협상이 필요한 이유와 그 의미에 대해 다시 한 번 고민해보기 시작했다.

당신의 생각은 어떤가? 협상하는 이유와 의미에 대해 생각해본 적 있는가? 흔히 '협상' 하면 비즈니스 협상이나 국가 간 협상 등 드라마틱한 상황을 떠올린다. 한 번의 결정으로 몇십억이 좌우되고, 많은 사람들의 삶에 영향을 끼치는 협상. 하지만 꼭 그처럼 중대한 상황이 아니더라도 일상생활에서 우리는 무수한 협상 국면을 마주한다. 시장에서 물건값을 흥정할 때나 말 안 듣는 자녀를 타이르는 것도 협상이다. 또 나협상 팀장이 백화점에서 가격을 흥정하는 것도 협상이지만, 그런 흥정을 싫어하는 아내의 마음을 풀어주는 것도 크게 보면 협상이라 할 수 있다. 즉 협상이란 내가 원하는 바를 관철하고 인간관계를 바꿔줄 결정적인 방법인 셈이다.

그런데 협상 방법도 시대에 따라 진화한다. 과거에는 일정한 파이 안에서 내 것을 최대한 많이 챙기는 게 협상의 목표였다. 분배적 협상, 즉 협상 1.0의 시대였다. 그러다가 양측이 경제적 이익을 '공정하게 나누는 것'에 집중하는 협상이 인기를 끌었다. 바로 통합적 협상(원윈 협상), 즉 협상 2.0이다. 최근 들어서는 윈윈 협상도 시들하다. 상대의 감정, 인식, 행동을 건드리는 협상, 이를 통해 상대의 심리적 만족감을 극대화하고 새로운 가치를 만들어내는 '가치 중심의 협상', 협상 3.0이 새롭게 떠오르고 있다.

2012년 서점가를 뜨겁게 달군 다이아몬드 교수의 책,《어떻게 원하는 것을 얻는가》[1]도 결국은 '사람의 마음과 가치'에 대한 이야기다. 그렇다면 구체적으로 어떻게 변화했다는 것일까? 협상 1.0에서 2.0을 거쳐 3.0까지, 협상의 진화를 따라가 보자.

∴ 분배적 협상
승자와 패자가 나뉘는 제로섬 게임

"연봉 80% 올려주세요!"

구단주의 눈이 휘둥그레졌다. 그 선수의 작년 연봉은 3억 9,000만 원이었다. 80% 인상이라면 7억 원이다. 구단주의 머릿속이 복잡해진다. 하지만 이내 단호하게 말한다.

"안 됩니다."

표정이 굳는 선수에게 다시 한 번 못을 박는다.

"개인 성적만 좋았다고 그렇게 많은 연봉을 줄 순 없습니다. 팀 성적과 팀 기여도 항목도 중요해요. 당신은 실책 개수 등이 많아서 고과 등급이 4등급입니다."

구단의 제안은 6억 3,000만 원이었다. 7,000만 원 차이. 선수는 7억 이하로는 절대 계약할 수 없다고 버텼고, 결국 선수와 구단은 협회의 결정에 맡기기로 했다. 결과는 6억 3,000만 원, 구단의 승리!

자, 여기서 질문. 구단은 이 협상에서 이긴 것일까? 7억 원을 요구하던 선수에게서 7,000만 원을 아꼈으니, 이겼다고 평가할 수 있나?

아는 사람들은 눈치챘겠지만, 이 사례는 2010년 프로야구 시즌이 끝난 뒤 롯데 자이언츠와 이대호 선수 간에 있었던 연봉협상이다. 2010년 이대호 선수는 최고의 시즌을 보냈다. 도루를 제외한 타격전 부문에서 1위를 차지한 최초의 선수였다. 9경기 연속 홈런이라는 세계신기록도 세웠다. 시즌 MVP도 당연히 그의 차지였다. 그래서 그는 현역 선수 최고 연봉인 7억 원을 요구했다. 이대호 선수는 이렇게 말했다.

"지금까지 없던 기록을 세웠으며, (구단은 이에 대한) 자존심을 지켜줘야 한다."[2]

하지만 구단은 호락호락하지 않았다. 이대호 선수 개인이 탁월한 성적을 낸 것은 맞지만, 팀이 우승한 것도 아닌데 그 정도 인상해주기는 어렵다는 것. 구단은 이렇게 반박했다.

"우리가 제시한 연봉 인상 폭(2억 4,000만 원)은 구단 사상 최고액이다. 지난 시즌 성적, 리그 전체의 연봉 규모를 고려해 (국민 타자라는 상징성을 갖고 있는) 이승엽과 같은 대우를 해주겠다."

접점을 찾지 못한 양측은 결국 KBO(한국야구위원회) 연봉조정위원회의 판단에 맡기기로 했다. 그리고 KBO는 구단의 손을 들어줬다. 하지만 KBO의 발표 후 롯데 팬들의 반발은 거셌다. '7,000만 원 때문에 최고 스타 선수의 자존심을 구겨도 되느냐'란 게 롯데 팬들의 주장이었다.

여론의 뭇매를 맞자, 롯데 야구단의 단장은 이렇게 말했.

"이겨도 욕먹을 줄 알고 있었다. 하지만 이대호가 7억 원에서 한 발짝도 물러서지 않아 우리도 어쩔 수 없었다." 이대호 선수가 먼저 양보하지 않아 구단도 양보할 수 없었다는 논리다.

협상학적으로 보면 롯데는 '이기는 게 최선'인 협상을 했다고 할 수 있다. 상대에게 양보하거나 새로운 대안을 찾기보다, 나의 요구나 주장을 지켜내고 최대한 많이 얻어내는 것을 목표로 한 협상이다. 이를 협상학에선 분배적 협상 Distributive Negotiation[3]이라고 한다. 분배적 협상을 하는 협상가들은 크기가 정해진 파이에서 자신의 몫을 얼마나 챙길까만을 생각한다. 내가 이기면 상대방은 질 수밖에 없고, 상대가 이기면 나는 질 수밖에 없다. 그렇기 때문에 무조건 이기기 위해 각종 기만전술과 협박, 회유가 오가기도 한다.

분배적 협상의 대표적인 사례는 제1차 세계대전 종전 협상 중에 맺어진 베르사유조약이다. 1918년 프랑스, 미국 등으로 구성된 승전국 대표들이 베르사유 궁전 거울의 방에서 만났다. 독일이 주축이 된 패전국들로부터 자신들이 어떤 보상을 받아낼 것인지 정하기 위해서였다.

그들의 요구는 한두 가지가 아니었다. 독일군의 대포, 비행기, 함선 등을 양도할 것, 군인의 수를 육해군 합쳐 10만 명으로 제한할 것 등 군사적 제재는 물론 영토 반환, 식민지 양도 등 정치적 압박도 이뤄졌다. 경제적 압박도 엄청났다. 거액의 현금 보상은 물론, 모든 특허권을 다른 나라에 넘겨야 했다. 자국 내 천연자원의 채광권도 승전국 차지였다. 말 그대로 '뿌리를 뽑는' 조치가 이뤄졌다. 승전국 대표들은 함박웃음을 짓고 각자의 나라로 돌아갔다. '완벽하게' 이겼다.

결과는 어땠을까? 승전국의 압박으로 독일 경제는 파탄났다. 극심

한 인플레이션이 발생했고, 실직자가 속출했다. 국가는 혼란에 빠졌다. 그 상황에서 독일 국민들의 애국심을 자극하는 히틀러가 등장했고, 그는 세를 키워 복수를 준비했다. 결국 승전국들은 독일로부터 경제적 보상이 아닌 '제2차 세계대전'이라는 보복을 받아야만 했다. 완벽하게 '이긴' 협상이 또 다른 전쟁이라는 '비극'을 만들어낸 것이다.

다시 롯데와 이대호 선수의 얘기로 돌아가자. 2011년 시즌 후 이대호 선수는 FA(자유계약선수) 자격을 얻었다. 마음만 먹으면 어느 구단으로든 옮길 수 있게 된 것. 결과는? 이대호 선수는 일본 프로야구의 오릭스로 이적했다. 그는 "자기 자신에 대한 도전"이라고 말했다. 하지만 이런 생각도 든다. 만약 2010년 연봉협상에서 롯데가 조금 다른 협상법을 사용했다면 어땠을까? 그랬다면 "롯데를 떠나서 다른 팀으로 간다는 것은 야구하면서 생각 안 해봤고, 생각할 수도 없다고 생각했다"[4]고 말하는 이대호 선수를 몇 시즌 더 롯데에서 뛰게 할 수 있지 않았을까?

승리를 추구하는 협상 1.0이 무조건 나쁘다는 건 아니다. 협상 상대와의 거래 관계가 '한 번'으로 끝나는 경우엔 이런 접근도 필요하다. 해외여행 중 기념품을 살 때 하는 가격 흥정이 대표적인 경우다.

하지만 비즈니스에 이런 경우가 얼마나 될까?

상대를 누르고 협상에 성공하면 당장은 행복하다. 하지만 기억하자. 그 행복이 영원하긴 힘들다. 상대가 언제 어떤 식으로 당신의 뒤통수를 칠지 모르기 때문이다.

통합적 협상
경제적 이익을 공정하게 나누는 게임

분배적 협상의 한계를 깨달은 협상가들은 협상에 대해 다른 접근을 시도했다. 1970년대 이후, 하버드 대학 등에서도 협상을 본격적으로 연구하기 시작했다. 이들은 협상에 대한 정의부터 새롭게 내렸다. '한쪽만 이기는 것'이 아니라 '둘 다 만족하는 협상'을 해야 한다고 말했다. 이를 '통합적 협상 Integrative Negotiation'[5]이라 부른다. 우리가 흔히 '윈윈Win-Win 협상'이라고 말하는 협상이다. 양쪽이 팽팽하게 맞서는 이슈만 놓고 협상하는 게 아니라 다양한 경제적 옵션을 주고받아 협상을 타결시키는, 한 단계 진화한 협상이라 할 수 있다.

쉬운 예를 들어보자. 당신이 출근을 하려는데 중학교 2학년짜리

아들이 말한다.

"아빠, 용돈 2만 원만 올려주세요!"

만약 당신이 분배적 협상을 하는 사람이라면 이렇게 접근할 것이다.

"시끄러워! 공부나 해!"

이렇게 되면 당신과 아들 사이는 서먹해질지 모른다. 하지만 통합적 협상을 하면 이렇게 달라질 수 있다.

"주말엔 집안 청소를 돕고, 매주 용돈기입장을 써서 아빠에게 보여줄 수 있을까? 그러면 아빠도 용돈 올리는 걸 고민해볼게."

어떤가? 이렇게 되면 아들은 용돈을 더 받으려고 집안일을 도울 것이고, 용돈기입장을 쓰면서 돈을 계획적으로 쓰는 법을 익힐 수 있다. 아빠는 '아이의 경제관념 키우기'라는 교육효과를, 아들은 '용돈'을 얻어 기분이 좋다. 이처럼 아들을 윽박지르지 않고도 협상을 통해 아빠와 아들 모두 어느 정도 만족스러운 결과를 만들어내는 것. 이것이 통합적 협상이다.

통합적 협상법은 실제 협상에서 많은 문제를 풀어준다. 스포츠 선수의 연봉협상에서도 윈윈을 만들어낸 사례[6]가 있다. 1997년 미국 프로농구(NBA) 시카고 불스와 데니스 로드맨의 협상을 보자. 로드맨은 '97~98 시즌을 앞두고 1,000만 달러의 연봉을 요구했다. 이전

시즌 연봉 900만 달러에서 100만 달러 인상을 원한 것.

하지만 구단의 생각은 달랐다. '코트의 악동'으로 불리는 그의 태도 때문에 피해가 만만치 않았기 때문. 그는 상대 선수들은 물론 관중, 심지어 심판과도 시시때때로 싸움을 벌였고, 이 때문에 징계가 끊이지 않았다. 지난 시즌 징계 때문에 구단은 200만 달러 이상의 벌금을 물어줘야 했고, 로드맨은 14게임에 뛰지 못했다. 게다가 무단으로 13경기에 불참하는 등, 로드맨 개인이 팀에 입힌 손실이 300만 달러를 넘는다고 계산했다. 그래서 인상은커녕 3분의 2를 삭감한 600만 달러를 주겠다고 맞섰다.

구단의 이런 생각을 알게 된 로드맨은 구단과 통합적 협상을 시도했다. '조건부 연봉 계약'을 제안한 것. "연봉을 1,000만 달러로 하되, 시즌 동안 자신의 출장 정지 등으로 구단이 피해를 보면 그만큼 빼겠다"고 말했고, 결과적으로 협상은 다음과 같이 타결됐다.

"기본 연봉은 450만 달러로 한다. 여기에 로드맨이 플레이오프 전 경기에 출장하면 100만 달러, 리바운드왕을 따내면 50만 달러, 정규 시즌 출장 경기가 60경기를 넘을 때부터 게임당 18만 5,000달러를 더 준다."

그 결과 '97~98 시즌, 로드맨은 전체 82게임 중 부상으로 빠진 2경기를 뺀 80경기를 뛰었다. 리바운드왕을 차지한 것은 물론이다. 그래서 그는 총 1,010만 달러의 연봉을 받았다. 애초에 원했던 1,000만 달러보다 더 많은 돈을 받은 것. 그리고 로드맨의 활약 덕분에 시카고 불스는 우승을 차지했다. 400만 달러의 차이가 다툼으로 커진 게 아니라, 다양한 옵션을 통해 양측 모두 만족하는 결과를 만들어낸 계기가 됐다. 바로 이것이 통합적 협상의 묘미다.

통합적 협상을 하기 위해서는 협상 테이블에 마주 앉은 사람들 간에 어느 정도 양보하려는 태도를 갖는 것이 필수다. 상대를 내가 이겨야 할 적이 아닌, 함께 문제를 풀어가야 할 파트너로 받아들여야 한다. 그래야 협상이 풀린다.

비즈니스 협상에서도 이런 접근은 큰 힘을 발휘한다. 1990년대 초, 폭스바겐과 중국 정부 간의 협상 사례[7]가 좋은 예다. 중국 시장이 조금씩 개방되자, 많은 자동차 회사들이 중국 진출을 계획했다. 성장 잠재력이 큰 중국 시장의 선점을 노린 것. 하지만 다들 별 소득 없이 돌아가야만 했다. 중국 정부가 '자동차 기술 이전'을 해주지 않으면 중국 진출은 꿈도 꾸지 말라고 버텼기 때문. 자동차 회사에게 '핵심 역량'인 기술 이전은 절대 양보할 수 없는 문제였다.

그때 폭스바겐은 중국 정부로부터 '무엇을 얻어낼 것인가'에만 집중한 것이 아니라 '그들과 교환할 수 있는 경제적 가치가 뭘까'를 생각했다. 그리고 이렇게 접근했다.

"자동차 기술 이전은 해주겠다. 단 몇 가지 조건이 있다. 첫째, 중국 정부와 국영 기업의 관용차를 폭스바겐으로 바꿔달라. 둘째, 다른 외국 자동차 생산업체의 중국 내 투자를 제한해달라. 셋째, 자동차 부품에 붙이는 관세는 낮추고, 완성차를 수입할 때의 관세는 올려달라."

결과는 어땠을까? '자동차 기술 이전'을 얻어낸 중국 정부는 폭스바겐과의 협상을 타결시켰고, 폭스바겐은 2000년대 초까지 중국 자동차 시장의 50% 이상을 점유하는 성과를 냈다.

나와 상대의 차이를 '문제'로 인식하는 게 아니라 '다양한 협상 안건을 주고받아 서로 공정하게 나눌 기회'로 받아들이는 게 통합적 협상의 핵심이다. 이를 통해 양측 모두가 어느 정도의 경제적 만족을 얻을 수 있다.

만약 롯데 자이언츠와 이대호 선수가 통합적 협상을 했다면, 어떻게 할 수 있었을까? 예를 들면 이런 식이다.

'기본 연봉은 6억 원으로 한다. 이대호 선수가 홈런을 40개 이상 치면 4,000만 원, 타격왕을 차지하면 3,000만 원, 타점왕에 오르면 3,000만 원을 지급한다. 여기에 구단이 우승을 차지하면 5,000만 원

을 추가로 지급한다.'

만약 롯데 구단이 이렇게 협상했다면 어떻게 됐을까? 이대호 선수는 처음에 요구했던 7억 원보다 더 높은 7억 5,000만 원을 연봉으로 받았을 수도 있다. KBO의 연봉조정위원회까지 가서 구단과 껄끄러운 관계를 만들 필요도 없었을 것이다. 롯데 구단 역시, 이대호 선수가 열심히 경기에 뛴 덕에 우승한다면 일석이조 아니었을까?

바로 이것이 분배적 협상과 다른, 통합적 협상의 힘이다. 그래서 협상을 배운 사람들은 항상 협상의 파이를 공정하게 나누는 것에 집중한다. 내가 경제적인 이익을 얻는 만큼 상대에게도 그에 합당한 반대급부를 주기 위해 노력하는 것, 그게 협상 2.0이다.

가치 중심 협상
사람의 마음과 가치에 집중한다

하지만 여기서 의문이 하나 생긴다. 롯데 구단이 이대호 선수에게 "홈런을 많이 치고 타격왕이 되면 7억 원보다 훨씬 더 받을 수도 있다"며 다양한 옵션을 건 협상안을 제시했다면, 이대호 선수가 이 조건을 받아들였을까? 처음에 언급한 이대호 선수의 표현을 다시 떠올려보자. 그는 '자존심'을 지켜달라고 말했다. 그에게 중요한 것은 '돈'이 아니었을지도 모른다. 그저 자신의 가치를 '인정'해달라는 하소연은 아니었을까?

만약 그렇다면 어떻게 했어야 할까? 답부터 얘기하면, '그냥 7억 5,000만 원을 주라'는 것. 7억 원을 요구하는데 오히려 5,000만 원을 더 주라고? 이 무슨 말도 안 되는 협상이냐고 반문할 것이다. 하지만 그게 진짜 프로의 협상법이다.

이해를 돕기 위해 사례[8]를 하나 보자. 1930년, 프린스턴 대학의 플렉스너 원장은 세계 최고의 싱크탱크를 만들겠다는 야심 찬 계획을 세웠다. 그래서 세계 곳곳의 유명 학자들을 스카우트하기 시작했다. 아인슈타인도 그중 한 명이었다. 그렇게 시작된 연봉 협상.

원장이 편지를 보냈다. "연봉을 얼마나 드리면 저희 학교로 오시겠습니까?"

당시 독일에서 연구활동을 하던 아인슈타인은 이렇게 회신했다.

"제가 그보다 더 적게 받아야 한다고 생각하지 않으신다면, 3,000달러를 주십시오."

편지를 읽고 잠시 고민하던 플렉스너 원장은 이렇게 답장했다.

"1만 달러 드리겠습니다."

협상은 당연히 타결됐고, 아인슈타인은 프린스턴 대학에 부임했다. 어떤가? 플렉스너 원장이 제안한 연봉은 세상 물정을 몰랐던 아인슈타인이 원한 것보다 3배 이상 많았다. 당시 미국 교수들의 평균 연봉인 7,000달러보다도 훨씬 많았다. 말도 안 되는 협상이라고 생각하는가? 하지만 이것이 진짜 성공한 협상이다. 왜일까? 플렉스너 원장은 1만 달러로 천재 물리학자 아인슈타인의 마음을 사버렸기 때문이다. 아인슈타인이 프린스턴에서 기념비적인 연구 성과를 만들어내자 하버드, 예일 등 미국 유수의 명문 대학들이 엄청난 러브콜을 보냈다. 하지만 그는 흔들리지 않았다. 죽을 때까지 프린스턴을 떠나지 않았다. 이유가 뭘까? 스스로도 몰랐던 자신의 가치를 알아봐준 프린스턴에 의리를 지키기 위해서 아니었을까?

이런 협상은 또 어떤가? 미국 남북전쟁의 종전협상 상황. 패장인 남군의 리 장군이 먼저 입을 열었다.

"어떤 요구를 수용하면 되겠소?"

패장의 머릿속엔 전쟁 포로, 전쟁 배상금, 전범 처리와 같은 단어들이 가득했다. 그때 승장인 북군의 그랜트 장군이 말했다.

"요구사항은 단 하나입니다. 모두 고향으로 돌아가시오. 먼 길이니 타던 말도 그냥 가져가시오. 귀향하는 데 필요한 식량은 우리가 어떻게든 준비해 보겠소."

협상이 '허무하게' 타결되고 리 장군이 항복문서에 서명했다는 소식이 알려지자 북군 진영에서는 큰 잔치가 벌어졌다. 병사들은 연병장에 모여 함성을 질렀고, 포병들은 대포를 쏘아댔다. 이 광경을 본 그랜트는 화난 표정을 지으며 단호히 명령했다.

"적에게 승리했을 때 하는 어떤 행사도 당장 중단하라. 반란군은 지금 이 순간부터 적이 아니다. 그들은 우리의 형제다."

왜 그랬을까? 분명 그랜트도 사람인 이상, 지난 5년간 부하들을 죽음으로 내몰았던 남군을 철저히 응징하고픈 마음이 있었을 것이다. 하지만 그는 '국가적 통합'이 '패자에 대한 복수'보다 더 큰 가치라고 생각했다. 만약 그랜트를 포함한 북군의 리더들이 통합보다 응징을 더 중요한 가치라고 판단했다면? 아마도 제1차 세계대전의 패전국이었던 독일처럼, 남군으로부터 '피의 복수'가 이어졌을 것이고, 오늘날 미국은 북부 USA, 남부 USA로 찢겨 망국적인 지역감정 싸움을 벌이고 있을지도 모른다.

이 2가지 사례는 우리에게 협상은 테크닉이 아님을 알려준다. 중요한 건 내가 진짜 원하는 '가치Values'가 뭔지 아는 것이다. 돈 7,000만 달러를 아끼는 것과 천재 아인슈타인의 마음을 얻는 것, 상대에 대한 복수와 국가적인 통합, 이 둘 중 나에게 더 가치 있는 게 무엇이냐에 따라 협상은 180도 달라진다.

조건이 아닌 사람을 보라

협상 워크숍을 진행하면서 수강생들에게 자주 던지는 질문이 있다. "협상은 누구와 하나요?"

답은 '사람'이다. 비즈니스 협상이든, 외교 협상이든, 인질 협상이든 마찬가지다. 서로가 원하는 것을 얻기 위해 사람과 사람이 만나 벌이는 커뮤니케이션이 협상이다. 하지만 우리는 그걸 자꾸 잊는다. 사람이 아닌, 그가 말하는 '조건'과 협상한다고 착각한다.

하지만 결국 협상의 핵심은 사람이다. 그리고 그 사람이 갖고 있는 '가치'다. 그 가치를 만족시킬 수 있느냐 없느냐가 협상의 성패를 판단하는 기준이 된다. 그래서 요즘의 협상은 경영학에서 심리학의 영역으로 점점 확장되고 있다.

무조건 많이 얻어내려고만 하는 '협상 1.0'은 초보의 협상이다. 양측이 경제적 이익을 공정하게 나누는 것만 생각하는 것은 '협상 2.0'이다. '협상 3.0'을 추구하는 고수는 상대가 뭘 요구할지 걱정하지 않는다. 이 협상을 왜 하는지, 얻고 싶은 가치가 무엇인지를 먼저 생각한다. 그리고 상대는 어떤 가치를 얻기 위해 이 협상을 하는지 고민한다. '가치'를 만족시키는 협상이 진짜 협상이다.

앞서 나협상 팀장의 고민으로 돌아가보자. 아내의 마음을 풀어줘야 하는 그에게 강사는 어떤 조언을 주었을까?

"작은 일부터 협상하려는 자세는 아주 좋습니다. 하지만 협상이 모든 일을 해결해주는 만병통치약은 아닙니다. 지금처럼 아내분께서 감정적으로 불만을 나타내는 경우, 이를 설득하려고 '협상이 좋은 이유'를 아무리 많이 이야기해도 상대는 이해하지 못합니다. 상대는 단지 자신을 이해해주고 그 감정에 진심으로 공감해주기를 바라고 있기 때문이죠. 협상은 이기고 지는 것이 아니라 함께 만족도를 높여가는 것이라 했던 말씀 기억하시죠? 어떤 경우에는 양보를 통해 더 많은 것을 얻어낼 수도 있답니다.

많은 분들이 비슷한 어려움을 겪을 겁니다. 이러한 갈등 상황을 만났다면, 어떤 선택을 해야 더 높은 차원의 가치를 만들어낼 수 있을지 고민해야 합니다. 가격을 깎는 것이 중요한지, 가격은 깎지 않더라도 아내의 만족도를 높이는 것이 중요한지 선택하는 것이죠. 만약 전자라면 아내분의 기분이 풀렸을 때 '협상의 필요성'을 이야기하면서 공감을 이끌어내는 시간을 반드시 가지셔야 합니다. 그래야 지금과 같은 갈등이 또 생기지 않을 테니까요. 후자라면 굳이 아내분이 싫어하는 협상을 꼭 하실 필요는 없겠죠? 협상을 할 때와 하지 말아야 할 때를 선택하는 것도 협상에서 꼭 필요한 능력입니다."

메일을 읽은 나협상 팀장은 새로운 깨달음을 얻었다. 협상을 단순한 거래로만 생각했다가 더 중요한 것을 놓칠 뻔했다는 것. 그것은 말할 것도 없이 아내의 기쁨이었을 터. 그것이 나 팀장이 추구해야 할 '가치' 아니겠는가!

야구 얘기로 시작했으니, 야구 얘기로 정리를 해보자. 2012년 한국 프로야구계로 복귀한 박찬호 선수의 연봉은 2,400만 원이었다. 프로야구 최저 연봉이다. 입단 기자회견에서 그는 이렇게 말했다.

"영광스러운 기회에 연봉을 얼마 받는지는 큰 의미가 없을 것 같습니다."[9]

6억 원의 연봉을 제안한 구단에게 2,400만 원만 받은 박찬호. 그는 협상에 실패한 걸까? 아니다. 그는 야구선수가 아닌 '야구인'이 되고 싶다고 말했다. 그의 가치는 '많은 돈을 받는 것'이 아니라 '존경받는 야구인이 되는 것'이었다. 그리고 그는 이 협상을 통해 '야구선수'가 아닌 '야구인'이 됐다. 구단 역시 그의 의사를 존중해, 애초 그에게 제시하려던 6억 원 범위의 연봉과 옵션 전액을 기부금으로 내놓았다. 그래서 박찬호의 협상은 최고의 협상이다.

기억하자. 가치 충족, 그것이 협상 3.0의 핵심이다.

이 것 만 은 !

협상의 진화를 기억하라

협상 1.0 • 분배적 협상
'상대에게 더 많이 얻어내는 것'을 목적으로 하는 협상.
일회성 관계에서는 효과적인 방법이지만, 장기적 관계가 중요한 비즈니스에서는 바람직하지 않다.

협상 2.0 • 통합적 협상
경제적인 이익을 '공정하게 나누는 것'을 추구하는 협상.
이기고 지는 싸움이 아닌, 양측 모두 손해 보지 않는 결과를 만들어내기 위한 협상이다.

협상 3.0 • 가치 중심 협상
경제적 이익뿐 아니라 상대의 '인식과 감정의 만족도'까지 높여주는 협상.
협상이 끝난 뒤 '정말 만족한다'는 말을 서로가 할 수 있게끔 하는 협상이다.

감정의
방향부터
맞춰라

2

상대의 '감정'과 '인식'과 '행동' 모두를 바꿈으로써 나와 전혀 다른 생각을 갖고 있던 사람과 진짜 파트너가 되게 하는 협상 3.0. 이를 통해 두 사람 모두 자신의 가치를 충족하고 더 큰 가치를 만들어낼 수 있다. 그럼 협상 3.0을 실천하려면 무엇이 필요할까? 그 첫 번째 단계로, 상대의 '감정'을 공략하는 법을 소개한다.

사소한 일이라도 누군가에게 기분이 상한 뒤, 그 사람이 하는 말 한마디 한마디에 '태클' 걸고 싶었던 경험이 있는가? 상대가 아무리 옳은 소리를 해도 그 말에서 장점보다는 단점이나 오류가 더 도드라져 보인 적 있는가?

우리는 중요한 결정을 할 때 감정을 배제하고 냉철한 이성으로 판단하는 것이 옳다고 여긴다. 하지만 미운 사람의 말은 어쩐지 밉게 들리고, 좋은 사람의 말은 더 좋게 들린다. 협상에 성공하고 싶다면 먼저, 감정이 커뮤니케이션에 미치는 힘을 이해해야 한다. 부정적인 감정은 상대와의 커뮤니케이션을 가로막지만, 긍정적인 감정은 상대가 마음을 열고 당신의 입장을 이해하게 한다.

그렇다면 긍정적인 감정을 어떻게 만들 수 있을까? 예를 들어보자. 우리의 나협상 팀장이 협상 스터디 모임에 나갔을 때의 일이다.

"성 차장님 오셨어요? 이게 얼마만이야. 많이 바쁘셨나 봐요?"

"그러게요. 이러다 협상 배운 거 다 잊어버리겠어. 하하."

협상 교육을 받은 사람들끼리 스터디를 해보자며 만든 모임이 어느덧 1년을 넘기고 있다. 나협상 팀장과 함께 이 모임을 주도적으로 이끌었던 대기업 건설회사의 성 차장. 무슨 바쁜 일이 있었는지 5개월 만에 모임에 나왔다.

"맥주나 한잔하시죠? 이건 제가 살게요."

"저희야 좋죠! 그런데 성 차장님 무슨 좋은 일 있으신가요?"

"좋은 일은 무슨…. 요즘 아주 속이 터지겠습니다. 사람들이 말이 통하지 않아."

"왜, 일이 잘 안 돼요?"

성 차장의 사정은 이랬다. 회사에서 일산의 아파트 리모델링 사업을 추진하고 있는데, 주민들 반발이 만만치 않다는 것. 배운 협상 기술을 적용해 차근차근 설득에 성공하고는 있지만, 아직 10% 정도의 주민들이 움직이지 않는단다.

"상대한테 뭘 원하는지 질문을 하셔야죠. 욕구를 파악하는 첫 번째 방법, '열린 질문' 벌써 잊으셨어요?"

"질문이야 하죠. '원하시는 게 뭐냐.' 그래도 말을 안 해. 나랑 말하기 싫다는데 뭘…."

"성 차장님, 혹시 그분들한테 어떤 걸 물어보세요?"

"뭐 뻔한 거 아닌가요? '리모델링 사업을 왜 이렇게 반대하시냐?' '특별한 이유가 뭐냐?' 이런 거죠."

"음…. 그런 질문을 해서 주민들이 그 사업을 왜 반대하는지 알고 싶으신 거죠?"

"그렇죠. 사업을 반대하는 이유를 알아야 해결책을 찾을 수 있으니까."

"제 생각엔 오히려 그 질문들 때문에 협상이 더 힘들어지는 것 같은데요?"

'협상에선 질문이 중요하다'고 배웠는데, 난데없이 '질문 때문에 협상이 힘들어졌다'고 말하는 나협상 팀장. 모임에 나온 사람들이 의아한 표정을 짓는다.

"그럼 질문 같은 거 하지 말고 그냥 밀어붙여요? 그건 아니잖아."

"성 차장님이 하셨던 것처럼 '리모델링이 왜 싫으세요?'라는 질문을 들으면 그분들이 어떤 대답을 하게 될까요?"

"왜 싫어하는지 얘기하겠죠. 아니면 아예 말을 안 하거나."

"그렇죠! 그래서 제가 드리려는 말씀은, 질문을 통해 주민들이 '리모델링 사업이 괜찮은 거구나'라고 생각하게 만들 필요가 있다는 거예요."

"질문으로 생각을 바꿀 수 있다?"

생각지 못했던 나 팀장의 설명에 사람들이 집중하기 시작한다.

"우리 몸에 관성이 있는 것처럼, 우리 뇌에는 항상성이 있대요. 큰 고민 없이 'Yes'라고 답할 수 있는 질문을 계속 받으면 우리 뇌는 'Yes'라는 단어랑 친해진다는 거죠. 그래서 'Yes'인지 'No'인지 고민되는 질문에서도 'Yes'라고 말할 확률이 높아집니다. 이걸 'Yes-Set 대화법'이라고 불러요."

"그럼 나 팀장님 말씀은 주민들한테 'Yes'라고 답할 수 있는 질문들을 먼저 하라는 건가요?"

"그렇죠. '왜 반대하세요?'가 아니라 '리모델링을 해서 주거 환경이 나아지면 좋으시겠죠?'라거나, '아이들이 좀 더 안전한 놀이터에서 놀게 되면 좋겠죠?'라거나…. 이런 식으로 성 차장님이랑 '생각의 방향'을 맞추는 거죠."

"긍정적으로 생각하게 만들어줘라…. 말 되네 이거."

"이런 식으로 긍정적인 대화를 해나가다 보면, 분명 성 차장님의 진심이 전달될 겁니다. 그러면 협상도 훨씬 수월해질 테고요."

성 차장은 앞에 놓인 맥주를 한 번에 들이켜더니 '혼자 고민만 하지 말고 이 모임에 진작 좀 나올걸!' 하며 호탕하게 웃는다.

"여기 맥주 한 잔씩 더 주세요!"

자, 이 사례에서 핵심은 뭘까? 'Yes'를 유도하며 서로 감정의 흐름을 맞추라는 것이다.

협상을 잘하려면 인간의 행동을 결정짓는 '뇌'를 이해해야 한다. 우리는 흔히 뇌를 '이성적 판단'을 내리는 곳이라 생각한다. 하지만 사실은 좀 다르다. 뇌는 이성적 판단을 내릴 뿐 아니라, 감정도 결정한다. 뇌의 쾌락중추에서는 우리 감정에 영향을 주는 도파민이라는 호르몬을 분비한다. 그런데 문제는, 도파민은 우리가 이성적 판단을 내리기도 전에 '먼저' 분비된다는 것. 그래서 사람들은 이성적 판단을 지향하지만, 어쩔 수 없이 감정의 영향을 먼저 받는다.

누군가와 대화할 때도 마찬가지다. 상대가 하는 말을 '이성과 합리'로 판단하기 전에 '감정 운동'이 먼저 일어난다. 결국 내가 전달하는 메시지보다 상대의 마음을 관리하는 일이 먼저라는 것. 상대에게 내 말이 먹히도록 하려면 먼저 마음의 벽을 허물고 관계를 쌓아야 한다.

《어떻게 원하는 것을 얻는가》의 저자인 스튜어트 다이아몬드 교수는 국내 언론사와의 인터뷰[10]에서 '북한과 협상을 잘하는 방법'에 대해 이렇게 말했다.

"첫 단계는 양국 대표가 점심을 같이 먹는 겁니다. 정치 이슈는 피하고 월드컵 축구 이야기만 하세요. 이렇게 스무 번쯤 만나며 서로 알게 된 뒤 본격적인 대화를 시작해도 늦지 않습니다."

  협상 안건을 따지기 전에 '관계'를 먼저 고민하고 '감정'을 만족시키라는 뜻이다. 협상은 '사람과 사람'이 하는 것이기 때문이다. 그렇다면 협상 상대가 나에게 좋은 감정을 갖게 하는 협상법은 무엇일까? 4가지 원칙이 있다.

익숙함으로 다가가라

  한 다큐멘터리에서 재미난 실험을 했다.[11] 5명의 대학생에게 5장의 이성 사진을 보여주고 그중에서 자신의 이상형을 고르도록 했다. 선택이 끝난 뒤 사진을 뒤집어보게 했다. 어떤 일이 벌어졌을까? 각자가 고른 사진 뒤에는 자신의 사진이 붙어 있었다.
  마술을 부린 거냐고? 아니다. 그런데 누가 어떤 이성을 고를지 어떻게 미리 예측할 수 있었을까?
  실험에 참가한 학생들이 자신의 이상형으로 고른 사진은 실제로 존재하는 사람이 아니었다. 컴퓨터 프로그램을 통해 참가자들의 사진을 '이성'으로 합성한, 가상의 인물이었다. 모두가 하나같이 '나와 가장 닮은 이성'을 이상형으로 꼽은 것이다.

어떻게 이런 일이 생겼을까? 바로 미러링Mirroring 효과 때문이다. 미러링이란, 상대가 나와 익숙한 모습을 하고 있을 때 상대에게 '동질감'을 느끼고 호감을 갖게 된다는 심리학 용어다. 자신과 닮은 사람을 이상형으로 고른 것도 다 이 때문이다.

대구 지역에서 레크리에이션 강사로 이름을 날리다 유명 연예인이 된 김제동. 그가 말하는 행사 진행 노하우 역시 미러링이다. 행사 참가자들에게 관심을 갖고 그들에게 익숙한 얘기로 풀어가야 한다는 것. 대학교 행사 진행을 예로 들면, 의대 학생들을 상대로 진행할 때는 간단한 의학용어를 사용하고, 법대 행사에서는 몇 가지 법조용어를 외워서 진행한다고 말했다. 이를 통해 행사 참가자들이 '저 사람이 우리에게 관심과 호감을 갖고 있구나'라고 생각하게 하는 게 중요하다.

미러링의 힘은 비즈니스 현장 곳곳에서 발견된다. 때로는 위기에 빠진 기업을 살리기도 한다. 대표적 사례가 인도네시아 자카르타의 맥도날드다.[12] 2001년 미국이 아프가니스탄을 공격한 후 모슬렘 사이에서는 반미 감정이 극에 달했다. 중동국가에서는 KFC, 피자헛 등 미국 레스토랑이 습격당하는 일이 끊이지 않았다. 모슬렘이 60% 이상인 인도네시아 자카르타에서도 상황은 마찬가지였다.

하지만 딱 한 군데, 자카르타의 맥도날드 매장만 피해가 없었다.

비밀은 미러링이었다. 이 매장 직원들은 다른 곳과 달리 이슬람 전통의상을 입고 일했다. 매장 입구엔 '거룩한 알라신께 맹세코, 인도네시아 맥도날드는 독실한 이슬람 신자가 운영하고 있습니다'라는 문구를 붙여놓았다. 미러링을 통해 그들과 한편임을 적극 어필한 것이다.

그럼 협상 상대와는 어떻게 미러링을 할 수 있을까? 미러링 효과를 톡톡히 본 협상이 있다. 독일의 투자은행 드레스너 뱅크Dresdner Bank와 세계적인 가구 디자인 업체 이케아IKEA 간에 있었던 제휴 협상 사례다. 이 두 회사가 제휴를 맺는다고 발표했을 때, 성공할 거라고 본 전문가는 거의 없었다. 두 회사의 조직 분위기가 너무나 달랐기 때문. 드레스너 뱅크는 권위적이고 보수적이기로 유명한 투자은행이었다. 반면 이케아는 매우 자유롭고 개방적인 문화를 갖고 있었다. 극과 극의 두 기업이 만난 것.

하지만 협상은 '이보다 더 좋을 수 없는' 결과로 타결됐다. 비결은 간단했다. 보수적인 드레스너 뱅크의 협상단은 어울리지도 않는 힙합 바지에 티셔츠를 입고 협상장에 나타났다. 반면 이케아 협상단은 영화 '영웅본색'을 연상시키는 까만 정장을 갖춰 입고 협상장에 등장했다. 상대의 기업문화에 맞추려는 서로의 모습에 양측은 박장대소

했고, 협상은 잘 마무리될 수밖에 없었다. 바로 이것이 미러링의 힘이다.

이처럼 상대에게 친숙함을 어필하는 방법은 국제 협상에서 특히 중요하다. 나와 전혀 다른 배경을 갖고 있는 상대가 나에게 관심을 가지고 나를 이해해준다면 호감이 생기는 것은 당연지사. 그래서 많은 협상책에서 '글로벌 협상'을 잘하기 위해 국가별 성향과 특징을 소개한다.

먼저 미국 협상가들에게 협상은 '합리적으로 문제를 해결하기 위해 노력하는 과정'이다. 그래서 그들은 최대한 '효율적인' 방법을 찾는다. 즉 최소한의 시간으로 최대한의 효과를 거두려고 한다는 것. 시간 대비 효율에 가치를 두는 건 핀란드나 네덜란드, 스위스 사람들도 비슷하다. 그래서 이들은 협상할 때 전문가를 파견하고, 권한위임도 잘하는 편이다. 그리고 문제를 '정확하게' 풀어내야 하기에, 통계적인 데이터와 사실을 중시한다.

독일 협상가들의 가장 큰 특징은 '철저함'이다. 이들에게 협상은 일직선과 같다. 한 단계, 하나의 안건에 대한 논의가 완벽하게 끝나야만 다음 단계로 넘어간다. 중남미 협상가들이 다양한 협상 안건들을 테이블 위에 올려두고 자유롭게 얘기하는 데 비해, 독일 사람들은 미진한 사항을 그대로 두고 넘어가지 못한다.

　프랑스 협상가들은 논리를 좋아한다. 협상을 통해 '답'을 만들어내기보다 '왜 그렇게 해야 하는지' 근거를 찾는다는 것. 그래서 처음에는 제안 내용에 반대하더라도, '논리'만 납득된다면 의외로 협상 타결이 쉬워질 수 있다.

　일본인들은 거래 관계 이전에 '사람'을 알고자 한다. 상대를 알고 난 뒤 그에 대한 신뢰가 생겨야 비즈니스를 계획한다. 그러다 보니 자연스럽게 장기적 관계가 단기적 이익보다 우선시된다. 따라서 일본인들은 '충분한 시간'을 갖고 만나야 한다. 이런 특성은 중남미나 아랍계 사람들도 비슷하다. 특히 중남미 사람들은 절대 서두르지 않는다. 그래서 이들은 '효율적인 시간'을 중시하는 미국사람들에겐 못마땅한 협상 파트너다.

　중국의 협상 문화는 흔히 '관계'가 핵심이라고 말한다. 그래서 '술'이 빠질 수 없다고도 한다. 맞는 얘기다. 하지만 여기서 절대 오해해선 안 될 부분이 있다. 이들이 얘기하는 진짜 '관계'는 '비즈니스적 이익이 전제된 관계'를 말한다는 것. 중국 협상가들은 기본적으로 '선소인 후군자先小人 後君子'의 자세를 갖고 있다. 먼저 이익에 밝은 소인이 되고, 그 후에 의를 찾는 군자가 된다는 뜻. 아무리 비싼 술로 접대를 많이 해도, 그것이 비즈니스에 도움이 안 되면 무용지물임을 기억하라.

그러면 이제 이런 사항을 실전에 그대로 적용하기만 하면 될까? 아니다. '매뉴얼'을 보고 상대를 기계적으로 파악하기 전에, 상대 협상가 '개인'을 이해하려는 노력이 먼저다. 앞서 언급한 나라별 특징들은 문화적 배경을 바탕으로 상대를 다각적으로 이해하기 위한 하나의 가이드일 뿐이다. 내면을 이해하지 못하고 '껍데기'만 보면 오히려 역효과를 낼 수도 있다.

이렇게 한번 생각해보자. 우리가 외국으로 출장을 갔는데, 외국 파트너들이 '한국 사람들에겐 폭탄주 문화가 있으니 술대접을 잘해야 한다'는 생각을 갖고 며칠 동안 저녁때마다 술자리를 만들어준다면? 술을 좋아하는 사람이라면 행복할 수 있다. 하지만 그렇지 않은 사람에게 그건 배려가 아니라 고문이다. 상대를 위해 하는 일이 오히려 점수를 깎는 결과를 낳는 것이다.

왜 이런 문제가 생길까? 자신도 모르게 '전체'에 대한 편견을 갖고 있기 때문이다. 그래서 종종 '전체'만을 본 채, 전체를 이루고 있는 개인 하나하나를 보지 못할 때가 있다. 다시 말해, 어떤 독일인은 다양한 협상 안건을 한 번에 얘기하길 좋아할 수도 있다. 또 어떤 미국인은 바로 협상 이슈를 꺼내는 것보다 친분을 먼저 쌓고 싶어 할지도 모른다.

스튜어트 다이아몬드 교수는 이런 질문을 한다.

"이스라엘의 중산층 유대인 가족들은 '이집트의 중산층 아랍인 가족'과 '이스라엘 총리를 살해한 극우파 유대인' 중 어느 쪽을 더 멀게 느낄까?"

국적과 종교가 다른 아랍인보다, 같은 이스라엘 국민이라도 총리를 살해한 극우파에게 훨씬 더 큰 정서적 괴리감을 느낀다는 게 그의 설명이다. 어느 나라 사람이냐, 종교가 무엇이냐가 중요한 게 아니라, 그 '개인'이 어떤 세계관을 갖고 있느냐가 핵심이다.

글로벌 협상을 앞두고 상대 나라의 문화적 특징을 파악하는 건 중요하다. 그게 상대에 대한 배려다. 하지만 그게 그 사람의 전부라고 생각하는 건 큰 착각이다. 우리와 다른 문화권의 사람과 협상을 잘하기 위해 그가 속한 전체라는 맥락에서 도움을 얻을 수는 있겠지만, 집중해야 할 것은 전체가 아니라 당신의 협상 파트너라는 사실을 잊어서는 안 된다. 개인의 성향이 꼭 전체의 성향과 같지는 않다는 것, 당연하지만 많은 사람들이 쉽게 놓치는 사실이다.

기억하라. 글로벌 협상은 국가와 하는 게 아니다. 국가 그리고 기업에 속한 '개인'과 하는 것이다. 어떨 땐 개인이 전체보다 더 크다.

작은 'Yes'가 큰 'Yes'를 만든다

문제 하나 풀어보자. 당신은 노사협상을 담당하는 사측 대표다. 다음 4개의 안건이 있다면, 협상을 어떤 순서로 진행해야 할까?

1. 연봉 인상률
2. 정년 연장
3. 성과급 지급 기준
4. 직원 휴게실 리모델링

어떤 협상가는 이렇게 말한다. "싸울 힘이 충분한 협상 초반에 연봉 인상률같이 중요한 걸 먼저 타결시키고, 그다음에 다른 안건들을 협상해야 한다." 이들은 중요하고 까다로운 이슈가 풀리면 나머지는 일사천리로 해결된다고 믿는다.

또 어떤 사람들은 이렇게 말한다. "협상 안건이 많을 때 하나하나 협상하려면 시간이 너무 많이 걸린다. 한 번에 여러 개를 동시에 토론하면서 합의점을 찾아야 한다."

첫 번째 태도를 가지면 어떻게 될까? 내가 중요하게 생각하는 이슈에 상대가 별 가치를 두지 않는다면, 아주 좋은 접근이다. 하지만 상대도 그 안건을 중요하게 생각한다면 협상은 시작부터 삐걱거린다. 첫 단추부터 꿰기가 힘들어지는 것이다. 이렇게 되면 양측 모두 '이 협상이 제대로 진행될 수 있을까?'라는 부정적 생각을 갖기 쉽다.

그럼 여러 이슈를 한 번에 협상하는 두 번째 태도가 좋을까? 아니다. 이때는 협상 자체가 진전되기 어렵다. 양측이 다양한 조합을 만들어 서로 요구만 하다 보면 핑퐁게임이 되기 십상이다. 양측 모두 만족할 만한 새로운 대안을 만들어내기는커녕, 크기가 정해진 파이를 어떻게 나눠 먹을 것인가에만 매달리다 지치게 된다.

그럼 협상 순서는 어떻게 정해야 할까? 사례를 통해 답을 찾아보자.

월드컵 4강 신화를 만들어낸 2002 한일월드컵. 당시 유치전 상황으로 돌아가 보자. 우리나라는 일본보다 한참 늦게 유치 경쟁에 뛰어들었다. 그리고 우여곡절 끝에 공동 유치로 가닥을 잡았다. 하지만 공동 유치를 위해선 양국이 합의해야 할 게 너무 많았다. 그중 가장 중요했던 건 '결승전을 어느 나라에서 치를 것인지'와 '공식 명칭'이었다. 알다시피 결승은 일본에서, 공식 명칭은 "한일 월드컵Korea-Japan World Cup"으로 정해졌다. 하지만 우리가 주목해야 할 건 결과가 아니다. 이 안건들이 협상 테이블에 언제 올라왔는지 그리고 언제 타결되었는지다. 초반엔 양국 모두 이 문제를 언급하지 않았다. 대신 입장료, 광고 등 상대적으로 덜 중요한 이슈 먼저 협상했다. 가장 중요했던 2가지는 협상 중반이 지나서부터 협상 테이블에 올라왔다. 이유는? 처음부터 '세게' 부딪치면 공동 유치 자체가 깨질지 모른다는 생각을 양국 모두 갖고 있었기 때문이다.

협상 순서 정하는 방법, 눈치챘는가? 협상 안건이 많을 때는 타결하기 쉬운 것부터 시작해야 한다. 이를 통해 협상장에 있는 사람들이 "이 협상은 왠지 잘 풀릴 것 같다"고 인식하도록 해야 한다. 이를 'Yes-Set'이라고 표현한다. 앞서 나협상 팀장이 건설회사 성 차장에게 조언했던 내용을 기억하는가? 뇌 과학자들은, 우리의 몸이 관성의 법칙에 영향을 받듯 뇌도 항상성을 갖고 있다고 말한다. 협상 상대의 뇌를 'Yes'로 만들어두는 게 필요하다는 의미다.

예를 들면 이런 것이다. 마음에 드는 이성과 교외로 드라이브를 하고 싶은 당신. 다짜고짜 "저랑 같이 드라이브하실래요?"라고 말하면 확률은 반반이다. 부담스러워하면서 승낙하거나, 부담스러워하면서 거절하거나.

성공 확률을 높이고 싶다면 이렇게 시작해보면 어떨까? 먼저 "날씨가 많이 풀렸죠?"처럼 상대가 별 거부감 없이 "Yes"를 말할 수 있는 질문을 한다. 그다음 "이런 날씨엔 교외 나가서 바람 쐬면 참 좋겠네요", 그리고 마지막으로 "같이 가실래요?"라고 묻는 식이다. 이 방법으로 조금씩 심리적 저항을 없앨 수 있다. 우리의 뇌를 Yes라는 단어와 친하게 만들어서, Yes인지 No인지 고민되는 질문에서 "Yes"라고 답할 확률을 높이는 것이다.

이런 접근법은 국가 간의 FTA와 같이 규모가 큰 협상에서도 적용된다. 쌀, 자동차 등 한 국가에 지대한 영향을 미치는 중요한 문제들은 FTA 1차, 2차 협상 땐 언급조차 하지 않는다. 이 내용들은 어느 정도 협상이 무르익었을 때 하나둘씩 협상 테이블로 올라온다.

다양한 협상 이슈가 있다면 서두르지 마라. 쉬운 것부터 하나씩 밟아나가라. 이를 통해 상대와 나의 생각을 Yes로 맞출 수 있다. 이렇게 두 번 세 번 Yes가 이어지면, 상대는 "No"라고 답하기 쉽지 않다. 부드러운 분위기 속에서 협상이 진행되는 건 보너스다.

공짜 양보를 하지 마라

어떤 협상가들은 협상 이슈를 양보하다 보면 우호적인 분위기가 만들어질 거라고 생각한다. 그래서 초반에 크게 중요하지 않은 것들을 양보하며 협상을 진전시킨다. 하지만 정말 그럴까?

협상 전문가인 영국 에든버러 대학 게빈 케네디 교수는 '툰드라의 늑대' 얘기를 예로 들며, 협상에서의 양보가 오히려 역효과를 낸다고 말한다.[13] 새로운 시장을 개척하기 위해 툰드라 지역 원주민 마을로 들어간 유럽의 세일즈맨. 그들은 원주민들을 따라 사냥에도 나서는 등, 그들의 삶을 함께하며 가까워졌다.

그러던 어느 날이었다. 한 세일즈맨이 사슴을 사냥해 마을로 돌아오던 중, 늑대 한 마리가 쫓아오는 걸 느꼈다. 위험을 직감하고 미친 듯이 도망을 치다가, 더 이상 안 되겠다 싶어 사냥한 사슴 고기를 조금 떼어 던져줬다. 다행히 그 뒤로 늑대는 쫓아오지 않았다. 자신의 기지에 감탄하며 한숨 돌리려는 찰나, 이젠 서너 마리의 늑대가 쫓아오는 게 보였다. 생각할 겨를도 없이 또 고기를 던져주었고, 그때부터 악순환이 시작됐다. 어느덧 수십 마리의 늑대가 그를 뒤쫓고 있었던 것. 하지만 더 이상 세일즈맨에게 남아 있는 고기는 없었다. 다행히 그 순간 가까스로 마을에 도착, 늑대로부터 목숨은 건질 수 있었다. 이 사건이 있은 뒤부터 세일즈맨들은 그 지역을 돌아다닐 때면 항상 어느 정도의 고기를 가지고 다녔다. 그리고 늑대에게 위협을 느낄 때마다 고기를 던져줬다. 하지만 거기까지였다. 어느 날, 원주민들이 그들을 쫓아냈다.

"배고픈 늑대에게 사람을 따라가라고 가르친 멍청한 놈들! 당장

꺼져!!"

이들이 쫓겨나게 된 건 늑대에게 한 '양보' 때문이었다. 늑대에게 베푼 양보는 결코 미덕일 수 없다. 늑대는 양보에 대해 고마움을 느끼기는커녕, 계속 더 많은 것을 원하기 때문이다.

이렇게 말하면 어떤 사람들은 반문한다.

"나의 협상 파트너는 늑대가 아닌데요?"

과연 그럴까? 아직도 양보를 통해 좋은 감정이 생긴다고 믿는가? 그럼 이렇게 물어보자. 만약 누군가가 당신에게 '대가 없이' 양보를 해준다면, 당신은 그에게 고마움을 느껴서 받은 만큼 똑같이 양보해 줄 것인가? 협상가들은 조건 없이 막 양보하는 사람을 고마워하지 않는다. 미안한 얘기지만, 그들을 더 '이용'하려 할 뿐이다. 그래서 양보를 할 땐 가치 있게 해야 한다. 내가 지금 양보하는 이 주제가 나에게 어떤 가치가 있는 것인지 그리고 이를 통해 상대는 어떤 이득을 얻는지 논리와 근거를 갖고 설명해야 한다. 이렇게 양보할 때에만 상대가 그 양보에 대해 고마움을 느낀다.

협상 상대가 나에게 좋은 감정을 갖게 하는 방법은 많다. 무조건적인 양보가 능사가 아니다. 상대가 느끼기에 '가치 있는' 양보를 할 때만 그 효과가 나타난다.

원칙을 지켜라

만약 당신의 상사가 똑같은 실수에 대해 하루는 "괜찮아, 그럴 수도 있지"라고 격려하고 다른 하루는 '불벼락'을 내린다면 어떤 기분이겠는가? 기분 좋을 땐 천사였다가 화가 나면 악마로 돌변하는 상사처럼 함께 일하기 힘든 스타일도 없을 것이다. 협상 얘기를 하다가 갑자기 상사 얘기를 하는 이유는, 협상가 중에도 의외로 그런 사람이 많기 때문이다.

하버드 대학 협상 교수인 로저 피셔와 윌리엄 유리는 협상가의 유형을 3가지로 구분한다(62쪽 표 참고).[14] 하나는 '연성 협상가'다. 이들에게 협상에서의 유일한 목적은 '타결'이다. 그리고 양보를 통해 관계를 돈독히 할 수 있다고 믿는다. 이 때문에 협상 상대를 전적으로 신뢰하고, 협상을 타결하기 위해 상대가 어떤 반응을 보이느냐에 따라 협상장에서 입장을 자주 바꾸기도 한다.

다음으로 연성 협상가와 정반대인 '강성 협상가'다. 이들은 협상에서 '이기는 것'만이 유일한 목적이다. 협상에서 주도권을 갖기 위해, 상대에게 관계를 담보로 양보를 강요하기도 한다. 협상 상대를 믿지 않고 적대적인 태도를 보이는 건 기본이다. 강성 협상으로 유명한 협상가는 GE의 노사협상 담당 부사장이었던 불웨어Lemuel Boulware. 그는 노조와 협상할 때, 맨 처음 자신이 제안한 내용에서 한 발짝도 물러나지 않았다. 한마디로 "하든지 말든지Take it or leave it"의 배짱을 부린 것이다. 이러한 협상 태도는 '불워리즘Boulwarism'이라는 단어로 보통명사화되어 사전에도 올라 있다. 이처럼 강성 협상은 주로 '갑'의 위치에 있는 협상가들이 취하는 협상 태도다.

자, 당신이라면 연성 협상가와 강성 협상가 중 누구와 협상하고 싶은가? 아마도 연성 협상가와의 협상을 선호할 것이다. 하지만 이렇게 생각해보자. 연성 협상가가 그런 태도를 취하는 이유가 뭘까? 그가 선천적으로 남에게 베푸는 것이 습관화돼 있기 때문에? 글쎄, 비즈니스 상황에서 그러긴 쉽지 않다. 연성 협상가들은 자신이 가진 경제적 힘이 부족하기 때문에 어쩔 수 없이 그런 태도를 갖는 경우가 많다.

협상가의 유형

	연성 협상가	강성 협상가	원칙 협상가
목표	타결(합의)	승리	서로 이득이 되는 결과
관계	관계를 위한 양보	관계를 담보로 양보 요구	관계로부터 협상 분리
상대에 대한 태도	신뢰	불신	신뢰 여부와 상관없음
협상 태도	입장을 자주 변경	초기 입장 고수	서로의 실익 탐색

만약 연성 협상가가 '을'의 위치에서 '갑'의 위치로 올라가면 어떻게 될까? 갑이 되어서도 여전히 양보해주길 바란다면, 큰 착각이다. 협상 워크숍을 진행하다 보면 재밌는 모습을 볼 수 있다. 워크숍 중에 의도적으로 '갑을 관계'를 설정해 협상 실습을 진행하곤 한다. 그때 가장 무섭게 '을'을 몰아세우는 참가자들이 있다. 바로 평소에 납품이나 영업을 하며 '을'의 위치에 있던 사람들이다. 협상 실습이 끝나면 그들은 이렇게 말한다.

"속이 다 후련하네요!"

무슨 뜻일까? 사람은 당하고는 못산다. 언젠가 그들이 비즈니스에서 '힘'을 갖게 되면, 자신이 당한 만큼 받아내려 할 확률이 높다. 연성 협상가일수록 더 강한 강성 협상가가 될 가능성이 크다.

연성 협상이든 강성 협상이든, 사람의 성격 때문에 이런 일이 벌어지는 건 아니다. 그들이 처한 위치와 상황에 따라 2가지 협상 태도는 왔다갔다한다. 자신의 기분이 좋은지 나쁜지에 따라 똑같은 실수에도 전혀 다른 반응을 보이는 상사처럼.

그래서 연성도 강성도 아닌, 원칙 협상이 필요하다. 원칙 협상가들은 상대를 친구로 여겨 모든 것을 다 내주지도 않고, 적대자로 생각해 불신하지도 않는다. 대신 함께 문제를 풀어나갈 '해결 파트너'

로 생각한다. 협상할 때 상대에 대한 감정적 판단이 개입되지 않는 것이다. 그리고 양보를 통해 관계가 좋아질 것이란 기대도 하지 않는다. 단지 서로가 공정하게 더 큰 이익을 얻을 수 있는 해결책을 찾는 데 힘쓴다. 그리고 객관적 기준을 중시한다. 내가 가진 힘에 상관없이, 정확한 사실에 따라 협상하고, 공정한 태도를 갖는 것이다.

어떤가? 상대로부터 '상황이 좋을 땐 한없이 좋고, 사정이 나쁠 땐 피해야만 하는 협상가'라는 평을 듣고 싶은가? 그것이 싫다면 '원칙'을 지켜라. 그것이 상대가 나에 대해 신뢰하고 좋은 감정을 갖게 하는 방법이다.

누가 봐도 매력적인 제안인데 "No"만 외치는 상대 때문에 답답했던 적 있는가? 초반부터 삐걱거려 협상 진행이 너무 힘들었던 적 있는가? 이유는 '감정' 때문이다. 협상을 그저 다양한 조건과 숫자가 오가는 거래로만 생각해서는 안 된다. '사람과 사람이 하는 것'이란 평범한 진리를 깨달을 때, 협상이 제대로 풀릴 수 있다. 협상을 잘하고 싶은가? 그럼 먼저 상대의 마음의 문을 열어라. 결국, 모든 협상의 시작은 감정이다.

협상의 잔재주에 휘둘리지 않는 법

협상가들은 짧은 협상에서도 수많은 전술을 사용해 상대를 혼란에 빠트리고 협상을 유리하게 이끌어가려고 한다. 그럼 과연 이런 방법이 좋을까? 정답부터 얘기하면, "No"다. 협상 전술을 통해 협상 주도권을 잡을 수는 있을지 몰라도, 이 때문에 더 중요한 '관계'가 깨질 수 있기 때문. 그래서 진짜 고수는 협상을 '전술'이 아닌 '전략'으로 생각해 접근한다.

하지만 상대가 무의식적으로 협상 전술을 사용할 때 넋 놓고 당할 수만은 없다. 협상가들이 자주 사용하는 협상 전술을 알아보고, 그에 대한 대응법을 생각해보자.

"안 됩니다, 그건 말도 안 되는 제안입니다!"

험상궂은 ABC 통신의 재무상무가 책상을 치며 벌떡 일어나 최우수 사장의 제안을 한 방에 꺾어버린다. 벤처 열풍 속에 승승장구하던 인터넷 소프트웨어 개발 업체 원스탑의 최우수 사장은 머리가 깨질 것처럼 복잡하다. M&A 매물로 내놓은 회사의 인수 협상이 점점 꼬여만 가고 있기 때문이다. 협상 상대는 알짜배기 기업들을 싼값에 인수해 큰 영업 이익을 내기로 악명 높은 글로벌 통신 기업 ABC 통신.

소문내로 ABC 통신과의 협상은 쉽지 않다. 협상이 시작되자마자 ABC 통신이 던진 첫 제안은 이랬다.

"인수 협상을 한 달 내에 마무리하면 인수 가격을 110억 원으로 하겠습니다. 하지만 한 달이 넘어간다면 저희는 100억 원 이상 드릴 수 없습니다."

회사가 최대한 빨리 정상 궤도에서 운영되기 위해 필요한 금액이 최소 110억 원이고, 시장 가치와 자산 규모 등을 토대로 조사해보니 150억 원까지도 받을 수 있다는 평가 결과도 있는데 그 제안은 너무 터무니없었다. 하지만 최우수 사장은 헷갈리기 시작했다.

'빨리 협상을 끝내 110억 원이라도 받는 게 나을까?'

그리고 협상을 하면서 왜들 그렇게 담배를 피워대는지, 비흡연자인 최 사장과 원스탑의 협상자로 나온 여성 이사는 견딜 수 없을 만큼 괴로웠다. 그래도 사사건건 반대하는 ABC 통신의 재무상무 옆에 앉아 원스탑의 설명을 잘 듣고 이해하면서 새로운 제안을 해주는 영업이사 덕분에 그 자리를 지키고 싶은 마음이 들었다. 상대편이었지만 '이런 사람하고만 협상하면 얼마나 편할까' 하는 생각이 들 정도로 고마워서, 최우수 사장은 그의 제안을 거의 다 받아들이며 협상을 해나갔다.

이렇게 겨우겨우 협상을 마무리하고 계약서에 서명만을 앞둔 상황, 갑자기 ABC 통신에서 이런 요구를 한다. "M&A를 위해 저희가 실시한 실사 비용 정도는 지불해주실 수 있죠?" 빨리 이 지옥 같은 협상 상황을 벗어나고 싶었던 최 사장은 별것 아니라는 생각에 그러겠다고 대답하고 협상을 끝내버렸다.

협상이 끝나고 사무실로 돌아온 최 사장은 뭔가 크게 잘못되었음을 깨달았다. 자, 과연 ABC 통신의 협상단은 대체 무슨 짓을 해 최우수 사장의 혼을 쏙 빼버린 것일까?

ABC 통신의 사술 1 • 스트레스 전술

중국과 미국의 핑퐁 외교가 한참이던 1970년대, 미국 협상단은 협상이 끝날 때마다 오만상을 찌푸린 얼굴로 협상장을 빠져나왔다. 다른 게 아니라 중국 협상단원들이 협상을 진행하는 내내 가래침을 뱉어댔던 것. 그것도 속이 훤히 보이는 유리컵에다 말이다. 이러한 중국 협상단의 매너없는 태도가 미국 협상단의 심기를 건드렸음은 물론이다.

이것이 협상학에서 이야기하는 '스트레스 전술'이다. 협상 이슈와 상관없이 상대의 심기를 건드리는 행동을 계속하면서 상대가 빨리 이 협상을 마무리 짓고 싶어 하게 만드는 것이다. 끊임없이 담배를 피워대던 ABC 통신의 협상단이 사용한 전술도 바로 스트레스 전술이다. 이 전술을 사용하는 목적은 크게 2가지다. 하나는 상대의 평정심을 깨 이성적 판단을 하지 못하게 하려는 것이고, 다른 하나는 상대가 협상장을 빨리 나가고 싶게 만들어서 더 많이 얻어내려는 것이다.

무더운 여름날 협상 장소를 일부러 에어컨이 고장 난 곳으로 섭외한다거나, 볼펜을 딱딱거리며 신경 쓰이게 하는 것도 스트레스 전술의 일종이다. 상대가 이러한 행동을 할 때는 당황하거나 흔들리지 말고 정중하게 그러한 행동을 조심해달라고 이야기하라. 심기를 건드리는 상대의 사소한 행동들 때문에 협상에서 얻을 수 있는 수많은 가치들을 잃어서는 안 된다.

ABC 통신의 사술 2 • 굿가이 배드가이 Good Guy, Bad Guy 전술

사사건건 반대만 외치며 최우수 사장을 조마조마하게 했던 험상궂은 재무상무 그리고 그의 옆에 앉아 최 사장의 말을 잘 듣고 이해해준 영업이사. 아마 누구라도 최 사장처럼 영업이사에게 고마움을 느낄 것이고, 그의 제안을 받아들이고 싶어질 것이다. 하지만 이것 역시 협상에서 흔히 사용되는 전술일 뿐이다.

이를 협상학에서는 '굿가이 배드가이 전술'이라고 부른다. 이런 장면은 경찰이 등장하는 영화나 드라마에서 흔히 볼 수 있다. 먼저 험

험상궂은 형사가 나와 피의자를 심문하기 시작한다. 거칠게 욕설을 내뱉으며 피의자를 몰아세우고 협박하기를 한참, 선하게 생긴 형사가 나타나 험상궂은 형사를 내보내고 피의자와 마주 앉는다. 그리고 주머니에서 담배를 하나 꺼내 입에 물려주며 이렇게 말한다. "저 친구 성질 좀 죽이래도…. 많이 힘들었지? 그러지 말고 나한테 얘기해, 응?" 그러면 피의자는 담배를 한 모금 빨고 슬슬 자백을 시작한다.

이 전술이 먹히는 이유는 사람들이 '대조효과'라는 착시에 넘어가기 때문이다. 아주 극단적으로 대응하는 못된 상대 옆에 자신의 말을 조금이라도 잘 들어주는 착한 사람이 있다면, 우리는 착한 사람의 제안을 아주 좋은 것으로 인식하게 된다. 기존에 생각했던 것만큼 만족스러운 제안이 아니더라도 말이다.

이러한 전술에 넘어가지 않으려면 오히려 굿가이의 선한 제안을 더 치밀하게 분석할 필요가 있다. 행동 이면에 숨겨진 의미를 읽어야 한다는 뜻이다. 단순히 상황에 의해, 혹은 상대적인 메시지 때문에 잘못된 판단을 내려서는 안 된다. 협박하는 형사에게 자백하거나 슬슬 달래며 담배를 물려주는 형사에게 자백하거나, 어차피 결과는 똑같다. 협상장에서는 순간의 흔들림으로 모든 것을 잃을 수도 있다. 대조효과에 속지 말고 냉정하게 판단하라.

ABC 통신의 사슬 3 • 니블링 Nibbling 전술

자욱한 담배 연기와 사사건건 태클을 거는 ABC 통신의 재무상무를 피해 빨리 협상장을 빠져나가고만 싶은 최우수 사장의 발목을 잡는 마지막 제안이 있었다. 최 사장의 혼을 쏙 빼놓은 상황에서, 마지막에 대수롭지 않게 던진 "M&A 실사 비용 정도는 대주시죠?"라는 요구가 그것.

긴 시간을 투자해 완성 직전에 있는 협상이 깨지기를 원하는 사람은 아무도 없다. 이러한 심리를 이용해 허점을 파고드는 협상 전술을 '니블링'이라고 한다. 예를 들면 이런 것이다. 당신이 양복가게 주인인데, 손님 한 명이 두 시간이 넘도록 몇 벌의 옷을 입어보고 아주 고가의 양복 한 벌을 골랐다고 가정해보자. 그 손님이 계산을 바로 앞두고서 주변에 걸려 있는 넥타이를 보고, "비싼 양복도 샀는데, 이거 하나 끼워주시죠?"라고 제안하는 식이다. 당신이 옷가게 주인이라면 그의 제안을 쉽게 거절할 수 있겠는가?

그렇다면 이러한 심리를 이용해서 니블링 전술을 사용하는 상대에게 넘어가지 않으려면 어떻게 해야 할까? "눈에는 눈, 이에는 이"라는 말이 있듯, 니블링에는 니블링으로 대처하면 된다. 넥타이를 요구하는 손님에게 이렇게 말하면 어떨까?

"역시 손님은 안목이 있으시군요. 이 양복에는 이 넥타이가 딱이죠. 셔츠 한 벌 더 사시면 제가 넥타이는 서비스로 드리겠습니다."

그러면 매출을 올리면서 손님과의 관계도 더 돈독하게 할 수 있을 것이다.

협상에서는 이 밖에도 수많은 전술들이 있다. 그러나 흔히 협상전술로 불리는 니블링, 미끼전술, 벨리업 기법, 굿가이 배드가이 전술 등은 사실 '트릭'에 가깝다. 이런 전술들은 정해진 틀(파이) 안에서 더 뺏고, 덜 주기 위한 잔기술이다. 이를 잘못 사용하면 오히려 상대와의 관계가 나빠져 더 좋지 않은 결과를 낼 수도 있다. 당신의 상대는 바보가 아니다. 당신이 사용하는 트릭들을 눈치챌 때가 많다. 백번 양보해서 지금 당장은 아니더라도 얼마의 시간이 지난 후, '내가 당했다'는 사실을 깨닫게 된다. 지속성이 유지되는 '관계 중심의 협상'에서는 향후 큰 손실을 초래한다.

상대에게 부정적인 인식을 심지 않기 위해서는 우선 협상에서 활용되는 잔기술Dirty Trick과 원칙Principle을 구분할 줄 알아야 한다. 그리고 잔기술이 아닌, 원칙을 활용하는 협상을 해야 한다.

협상은 누가 이러한 전술을 더 잘 사용하느냐에 따라 결정되는 게임이 아니다. 협상의 원리를 익히고 철저히 준비하는 사람만이 좋은 결과를 얻을 수 있다. 상대가 온갖 기교를 부리며 협상한다 하더라도 두려워하지 마라. 중요한 것은 원리와 원칙을 이혀 양측 모두 만족하는 협상을 이끌어내는 것이다.

 전술 중심의 **뺏고 뺏기는** 협상에서 벗어나 원칙 중심의 협상을 하라. 내가 갑이든 을이든 이런 협상 원칙들을 한결같이 지켜나갈 때, 상대는 나를 신뢰하고 적이 아닌 파트너로서 나와 협상테이블에 마주앉게 된다.

이 것 만 은 !

감정의 방향부터 맞춰라

1. 익숙함으로 다가가라
협상은 서로 '다른 것'을 원하는 사람들 간의 대화다. 하지만 다름 속에서도 '같음'을 찾는 이들이 진짜 프로 협상가다. 협상에 들어가기 전, 상대와의 공통점을 먼저 찾아라.

2. 한 번의 Yes가 또 다른 Yes를 만든다
사람들은 질 것 같은 게임에 최선을 다하지 않는다. 협상도 마찬가지다. 서로가 '잘될 것 같다'는 생각을 갖는 것이 중요하다. 쉬운 안건부터 시작해 성공적인 협상 분위기를 만들어라.

3. 양보, 가치 있게 하라
팽팽하게 맞선 상황에선 양측이 적당히 양보를 해야 한다. 이때 '그냥' 하는 양보는 필요 없다. 가치 있는 양보가 핵심이다. 상대가 '고맙게 느끼도록' 다양한 근거를 들어가며 양보하라.

4. 원칙보다 중요한 것은 없다
힘이 있을 땐 뻣뻣하게, 아쉬울 땐 고개를 숙이는 건 하수다. 항상 원칙이 중요하다. 믿음을 주는 협상을 하고 싶거든 한결같이 '원칙'을 지켜라.

협상은 결국 '말'이다

3

원하는 바를 관철시키기 위해 상대를 설득하고, 서로의 요구사항을 들으며 이해관계를 조정하는 협상. 고로 말을 '잘하는' 것은 협상의 기본이다. 그런데 협상에서 말을 잘한다는 건 뭘까? 상대의 마음을 움직이는 공감의 화술, 기분 좋게 "Yes"를 이끌어내는 화술은 따로 있다!

　많은 직장인들이 손꼽아 기다리는 여름휴가! 나협상 팀장도 가족과 함께 시원한 동해로 피서를 떠났다. 밀려든 사람들로 발 디딜 틈 없지만, 아이들도 잔뜩 신이 난 듯 마냥 즐거워 보였다.
　아이들을 바나나보트에 태워 보내고, 아내와 함께 그늘을 찾아 걷던 나 팀장. 둘은 백사장 바로 뒤편, 미아보호소에서 들리는 고성에 걸음을 멈췄다.
　"서류를 다 적었으면 당장 찾아줘야 할 거 아니에요! 지금 우리 애가 없어졌다니까!"
　"죄송하지만, 당장은 어쩔 수가 없습니다. 구조요원들이 모두 밖에 나가 있다고 말씀드렸잖아요."
　"그렇다고 무작정 기다리라는 게 말이 돼요? 말을 왜 그 따위로밖에 못해?"

"뭐라고요?"

"그렇잖아! 당신 자식 아니라고 그렇게 쉽게 말하는 거잖아요!"

한바탕 큰 싸움이 벌어질 찰나, 미아보호소 소장이 달려와 둘을 말리기 시작했다.

"아버님, 무슨 일이신가요?"

"당신이 여기 소장이야? 우리 애가 없어졌으니 당장 좀 찾아줘."

"저런, 아이가 없어졌어요? 걱정이 많이 되시겠어요."

"그러니까 빨리 우리 애 좀 찾아줘요. 구조요원들 다 나가고 없다는 말도 안 되는 변명만 하지 말고!"

"물론이죠, 최대한 빨리 찾아드리겠습니다. 어디쯤에서 잃어버리셨어요?"

"슈퍼 갔다 올 테니 잠깐만 기다리라고 했는데, 와 보니까 없어졌어요."

"잠깐 사이에 아이가 어딘가로 가버린 거군요? 남자아이인가요?"

미아보호소 소장은 아이의 아버지가 작성한 서류를 꼼꼼히 읽으며 하나하나 질문을 했다. 그렇게 아이의 아버지를 진정시키며 질문을 이어가는 사이 몇 분의 시간이 흘렀고, 스피커에서 아이를 찾는다는 안내방송이 나왔다. 그리고 잠시 후 구조요원 한 명이 서둘러 아이를 찾으러 미아보호소를 나섰다.

멀리서 그 모습을 지켜보던 나협상 팀장이 아내에게 물었다.

"여보, 애 아빠랑 싸울 뻔했던 상담 직원이랑 저 소장, 뭐가 다른 것 같아?"

"소장은 힘이 있고, 직원은 힘이 없는 거지. 일단 '소장' 하면 좀 더 믿음이 가잖아?"

"응, 그럴 수도 있지. 그런데 난 소장이 말하는 방법에서 상당한 설득력을 느꼈어."

"말하는 방법?"

나협상 팀장의 아내는 '그게 무슨 말이야?' 하는 표정으로 나 팀장을 쳐다본다.

"소장이 애 아빠가 하는 말을 계속 따라 하는 거, 들었어?"

"따라 한다고? '아이가 없어졌어요?' 이런 말들?"

"그렇지. 그런 식으로 화가 나고 초조한 상대방의 감정 상태에 공감을 해주는 거야. 그러면 설득하기가 훨씬 쉬워지거든."

"아… 그렇구나. 공감해주면 설득하기가 쉬워지는구나?"

"당신 지금 내 말 따라 하는 거야? 하하하."

나협상 팀장은 아내에게 미소 지으며, 아이들을 데리러 가기 위해 바나나보트 내리는 곳으로 발길을 돌렸다.

협상의 시작부터 끝까지, 우리는 '말'을 한다. 그 말이 어떤 내용을 담고 있느냐에 따라 협상 마무리가 만족스러운 악수가 될 수도, 불편한 인사가 될 수도 있다.

그런데 여기서 내용만큼이나 중요한 게 있다. 바로 '어떻게' 말하느냐 그리고 상대방의 말에 '어떻게' 대응하느냐 하는 것. 대화든 글이든, 협상은 결국 말로 진행되기 때문이다. 어떤 사람들은 자신이 진심으로 대하면 상대가 그 진심을 알아줄 거라 믿는다. 그런데 미안한 얘기지만, 이는 아름다운 착각이다. 상대는 초능력자가 아니다. 당신의 속마음을 투시해서 볼 수 없다. 단지 당신의 입에서 표현되는 말로써 당신의 진심을 판단할 뿐이다. 아무리 의도가 선하고 순수하다 하더라도 상대방의 심기를 건드리는 말을 한다면 그 협상은 이미 물 건너간 것이다. 말이란 무릇 '아' 다르고 '어' 다른 법. 그래서 '어떻게' 말하고 반응하느냐가 중요하다. 성공적인 협상을 위해 협상장에서 지켜야 할 3가지 대화법을 살펴보자.

'인정'하지 않아도 된다, 그냥 '공감'하라

TV 토론을 보면 항상 가슴이 답답해진다. 100분이 됐건, 몇 시간의 '끝장' 토론이 됐건, 시청자 입장에선 10분 이상 채널을 고정하고 있기가 쉽지 않다. 이유가 뭘까? 그들이 벌이는 토론이 진정한 의미의 토론이 아니기 때문이다.

토론의 사전적 정의는 다음과 같다.

"어떤 문제에 대하여 여러 사람이 각각 의견을 말하며 논의함."

하지만 TV 토론 프로그램에서 '논의'하는 모습은 찾아볼 수 없다. 그저 각각의 의견을 '말할' 뿐이다. 그리고 상대 토론자에 대해 이렇게 불평한다.

"당최 말이 통하지 않아!"

협상에선 어떨까? 사람들은 내가 상대보다 얘기를 많이 해야 한다고 생각한다. 그래야 정해진 시간 안에 내가 원하는 것을 최대한 얻어낼 수 있다고 믿기 때문이다. 그런데 이렇게 하다 보면 문제가 생긴다. 상대도 나처럼 얘기를 많이 하려고 하면 어떻게 될까? 서로 각자의 주장만 하다 협상이 끝날지 모른다.

그럼 협상장에서 각자의 주장이 아닌 '논의'를 하려면 어떻게 해야 할까? 답은 '상대의 주장에 공감하며 듣는 것'이다. 감성 협상의 프로는 협상 상대의 말에 공감하는 능력이 탁월하다.

이렇게 얘기하면 사람들은 반문한다.

"상대의 입장을 지지하지 않는데, 아니 상대의 생각에 반대하는데 어떻게 공감할 수 있습니까?"

적절한 지적이다. 하지만 이 생각은 틀렸다. 상대의 생각에 완전히 반대하더라도 공감은 얼마든지 할 수 있다. 협상에서의 공감이란 상대가 요구하는 내용을 들어주겠다는 뜻의 '인정'이 아니다. 상대가 왜 그 말을 하고 그런 요구 조건을 내세우는지를 '이해'한다는 뜻의 공감이다.

부부 사이에 벌어질 수 있는 간단한 협상 상황을 예로 들어보자. 당신은 며칠째 계속되는 야근에 지쳐 있다. 금요일 저녁, 꼼짝없이 주말에도 출근해야겠다고 생각하며 집에 들어가 침대에 몸을 던진다. 이때 부인이 말한다.

"여보, 우리 이번 주말에 교외에 나가서 바람이나 쐬면 어떨까?"

당신이라면 어떻게 대답하겠는가?

"그게 늦게까지 야근하고 온 남편한테 할 소리야? 그렇잖아도 피곤해 죽겠는데. 못 가! 주말에도 일해야 돼."

혹시 이런 대답이 떠올랐다면 당신은 아주 솔직한 협상가다. 하지만 좋은 협상가는 아니다. 좋은 협상가는 이렇게 말한다.

"하루 종일 집에만 있어서 답답하구나? 나도 주말엔 바람 좀 쐬고 싶다. 그런데 어쩌지? 나 주말에도 출근해야 하는데…."

어떤가? '주말에 교외에 갈 수 없다'는 결과는 같다. 하지만 어떻게 말하느냐에 따라 받아들이는 사람의 기분은 전혀 다르다. 상대의 의견에 일단 '공감'을 해주는 것만으로도 대화의 분위기가 믿을 수 없을 만큼 달라진다.

그럼 비즈니스 협상에선 어떨까? 우리가 진행하는 협상 3.0 워크숍에서 벌어지는 협상 상황에서 그 답을 찾을 수 있다. 납품 조건을 결정하는 모의 협상을 할 때다. 참가자들을 두 그룹으로 나눠 서로 다른 미션을 주었다. 한 그룹에는 '상대가 가격을 올려달라고 하면 절대 안 된다고 말하면서 상대 의견을 무시한 후, 제안을 거절하라'는 미션을, 다른 한 그룹에는 '상대가 힘들어하는 부분, 가격을 올려달라고 요구할 수밖에 없는 상황에 대해 공감한 후, 제안을 거절하라'는 미션을 주었다. 그리고 협상이 끝난 후 제안을 거절당한 사람들에게 협상 결과에 대한 만족도를 물었다. 결과는 놀라웠다. '제안이 받아들여지지 않았다'는 사실은 같지만 협상 결과에 대한 만족감은 두 그룹이 천지차이였다. 물론 후자, 자신의 의견을 공감 받은 그룹의 만족도가 훨씬 높았다. 바로 이것이 협상에서의 '공감의 힘'이다.

협상 상대의 말에 공감해주기 위해 가장 쉬운 방법은 상대의 말을 반복하는 것이다. 이를 배트레킹Backtracking이라 한다. 상대가 "요즘 주문 물량이 많아 납품 일정을 당기긴 어려울 것 같습니다"라고 말하면, "생산 일정이 촉박해 더 앞당기기 어렵다는 말씀이시군요?"라고 얘기하고, "원자재 가격이 올라서 가격 인상이 필요합니다"라고 하면 "원자재 가격 인상 때문에 현재 가격으로 공급해주시긴 어렵다는 말씀이네요"라고 대응하는 식이다. 앞서 소개한 해수욕장 관리소장의 화법도 바로 이것이다. 이를 통해 내가 상대의 말을 열심히 듣고 있고, 상대의 마음을 십분 이해하고 있음을 드러낼 수 있다. 하지만 이게 말처럼 쉽지 않다. 협상하다 보면 머릿속에 하고 싶은 말이 수없이 떠오르기 때문이다. 하지만 그걸 표현하기 전에 먼저 상대의 말을 따라 해줘라. 그 작은 노력 하나가 상대의 닫힌 마음을 열 수 있다.

사람들은 '공감'을 '인정'과 혼돈한다. 인정은 '상대의 의견을 확실히 그렇다고 여기고 받아들이는 것'이다. 그래서 그렇게 하겠다는 약속이다. 하지만 공감은 다르다. 상대의 입장과 상황에 대해 '나 역시 그렇게 느낀다'는 점을 표현하는 것뿐이다. 나와 다른 의견을 억지로 인정하진 마라. 그저 공감하라. 이를 통해 상대의 의견을 존중하고 있음을 표현하는 것, 그것이 협상 3.0 대화법의 시작이다.

'부정'을 '긍정'으로 포장하라

　뇌 과학자들은 말한다. 인간의 뇌는 우리가 생각하는 것보다 멍청하다고. 쉬운 예를 들면 이렇다. 누군가가 "레몬을 떠올려 보세요"라고 말만 해도 자연스레 입속에 침이 고인다. 뇌는 레몬이라는 단어를 들은 것과 레몬을 실제로 먹은 것의 차이를 인식하지 못하기 때문이다. 우리의 뇌는 현실과 상상도 제대로 구분하지 못할 정도로 불완전하다.

　이렇게 멍청한 우리의 뇌는 똑같은 강도의 자극이 와도 그 자극이 긍정적이냐 부정적이냐에 따라 기억하는 정도가 완전히 달라진다. 긍정적 감정과 기억은 쉽게 잊지만, 부정적 감정은 마음을 쉽게 떠나지 않는다는 것. 이를 '쾌락의 불균형'이라고 말한다. 자신의 의견에 대해 "맞습니다"라는 말을 들었을 때의 반응보다, "그렇지 않습니다"라고 반박하는 말에 훨씬 더 강하게 반응하고 기억한다. 그래서 반박하는 상대를 설득해 상대가 자신의 입장을 받아들이게 하려고 애쓰게 된다.

　이는 협상에서도 마찬가지다. 나와 다른 요구 조건을 갖고 있는 협상 상대. 어쩔 수 없이 상대 주장을 반박할 수밖에 없는데, 이때 상대가 쾌락의 불균형에 빠시지 않도록 조심스레 말하는 게 필요하다. 이를 위해선 상대의 요구사항에 대처하는 방법을 알아야 한다.

협상하다 보면 상대가 무리한 요구를 할 때가 있다. 제품을 생산하려면 적어도 일주일은 걸리는데 "3일 안에 납품해주세요"라고 하거나, 제조 원가가 올라 가격을 올려야 하는 상황임에도 '기존보다 가격을 10% 이상 낮추라'고 압박하는 경우도 있다. 이런 요구를 들으면 많은 협상가들은 무의식적으로 "그건 좀 힘듭니다"라고 말한다. 그리고 그 조건을 왜 들어주기 어려운지 구구절절 설명하기 시작한다. 우리가 흔히 사용하는 이런 대화방식을 'No, because' 대화법이라고 한다. 이런 대화법은 협상에 아무런 도움이 되지 않는다. 자신의 제안에 대해 "No"로 시작하는 반박을 들은 사람은 일단 부정적 감정을 갖게 되고, 그 주장을 공고히 하려고 더 강하게 맞서기 때문이다. 결국 상대방에 대한 마음의 벽만 높아질 뿐이다. 이렇게 되면 양측이 원하는 것을 모두 만족시키는 협상은 어려워진다.

이 문제를 풀기 위해선 긍정적 대화법이 필요하다. 잘 알려진 'Yes, but' 대화법이 대표적이다. 이에 대해 어떤 이들은 "그러면 상대의 무리한 요구사항에 대해서도 '알겠다'고 말하고 들어주라는 거냐?"라고 반문하기도 한다. 물론 그건 아니다. 긍정적 대화라고 해서 무조건 'OK'를 외치라는 게 아니다. 현 상황을 탓하지 말고, 문제를 해결할 방법에 초점을 맞춰 미래 지향적인 대화를 하라는 뜻이다. 몇 가지 예를 들어 보자.

받아들이기 어려운 가격 조건을 요구하는 상대. 그 제안에 맞서 "말씀하신 가격 조건은 받아들이기 어렵습니다"라고 말하는 건 부정적이다. 그에게 "가격 조건만 합의된다면 좋은 거래가 될 것 같습니다"라고 말하라. 이를 통해 상대와 나는 가격 조건이란 이슈를 '거래 성사를 위해 해결해야 할 공통의 문제'로 인식하게 된다.

상대가 갑자기 "납품 일정을 일주일 앞당겨달라"고 요구한다면? 납품 일정을 당기려면 생산직 야근이 필수고, 이렇게 되면 생산 단가가 올라갈 수밖에 없다. 이때 "그건 어렵습니다"라고 말하기보다 "이번 거래에서 납품 단가를 조정해주시면, 납품 일정을 앞당기는 것도 가능할 것 같습니다"라고 말하면 어떨까? 결과적으로 상대가 요구한 일정 조정을 받아들이지 않은 것은 똑같다. 하지만 딱 잘라 '못한다'고 말하는 것보다 '이렇게 하면 가능하다'고 말하는 것이 상대 입장에선 훨씬 받아들이기 쉬울 것이다.

기억하라. 협상은 왜 안 되는지를 설명하기 위한 자리가 아니다. 양측이 원하는 것을 이루는 방법을 함께 찾아가는 과정이 되어야 한다. 이를 위해서는 긍정적 말하기, 즉 'Yes, but' 대화법이 필요하다.

'이슈'와 '관계'를 분리하라

상대의 말을 충분히 듣고, 어려운 요구사항에 대해서도 긍정적으로 얘기해 좋은 관계를 쌓았다. 하지만 한 가지, 가장 중요한 문제가 남았다. 내가 절대 포기할 수 없는, 꼭 지켜내야 하는 협상 안건에 대해서 상대가 '불가능하다'고만 대꾸한다면 어떻게 말해야 할까? 또는 내가 아무리 긍정적으로 말을 해도 '필요 없다'며 자신의 고집만 내세우는 상대에겐 어떻게 대응하는 게 좋을까?

이런 상황에선 누구나 자연스럽게 화가 치솟는다. 내 앞에 있는 상대가 '협상'을 하려는 마음이 있기는 한 건지 답답해질 수도 있다. 그럴 때 사람들은 흔히 2가지 행동을 보인다. 싸우거나 도망가거나 Fight or Flight.

먼저, 싸우는 사람들은 자신의 감정을 통제하지 못한 채 튀어버린다. 그래서 '최고의 결과를 만들어내자'는 협상의 애초 목적을 잊고 '그럴 거면 협상하지 말자'는 극단적인 자세로 돌변해버린다.

이와 반대로 싸우지 못하는 사람들이 있다. 상대와의 관계가 너무 중요해 무슨 수를 써서든 이 협상을 마무리 지어야 하는 경우다. 이들은 그냥 도망간다. 협상장을 떠난다는 게 아니라, 협상에서 벌어진 문제를 해결해야 한다는 생각에서 도망친다는 뜻이다. 이들의 선택은 '양보'다. 그리고 속으로 다짐한다. '다음엔 두고 보자'고.

2가지 대처 모두 바람직한 행동은 아니다. 그럼 어떻게 해야 성공적인 협상을 만들어낼 수 있을까? 답부터 얘기하면 '나 메시지$_{\text{I-Message}}$'로 말하기다. 상대의 행동, 제안에 대해 비난하거나 나의 입장만을 옹호하는 게 아니라, 협상 상황에 대한 나의 감정과 의도 등을 솔직하게 말해 건설적인 협상으로 이끌어내기 위한 말하기 방법이다.

I-Message는 크게 5단계로 이뤄진다. 시작은 레이블링$_{\text{Labeling}}$이다. "듣기에 껄끄러운 얘기일 수도 있는데 솔직하게 말해도 될까요?"라고 물으며 이야기를 시작하는 것이다. 대뜸 나의 주장을 얘기하는 게 아니라, 상대가 마음의 준비를 한 뒤 내 얘기를 듣게 할 수 있다. 그리고 '질문'을 통해 상대의 동의를 이끌어냈기 때문에 앞으로 이어질 대화의 분위기를 우호적으로 만들 수도 있다.

두 번째는 사실$_{\text{Fact}}$을 말하는 것이다. 협상 상대가 주장하는 부분 중 잘못된 사실이 있다면 정정할 수도 있고, 내가 이런 제안을 할 수밖에 없는 근거를 제시하는 것이다. 사실을 얘기할 때 주의해야 할 부분은, 논쟁의 여지가 없는 내용이어야 한다는 것. 그러려면 통계 수치와 같은 정확한 자료가 좋다.

세 번째는 감정$_{\text{Feeling}}$이다. 감정은 사실 협상에서 조심스럽게 다뤄야 할 주제다. 협상할 때 감정 표현을 하는 게 좋을까, 꾹 참고 아무

넣지 않은 척하는 게 좋을까? 이 질문에 많은 사람들은 '포커페이스'를 떠올리며 '협상할 땐 냉정해야 한다'고 말한다. 과연 그럴까?

예를 들어보자. 납품업체의 영업사원인 당신. 당신이 제공할 수 있는 할인 폭은 5%가 최대다. 그런데 상대가 갑자기 '15% 할인'을 요구한다. 이에 대해 당신이 보여줄 수 있는 반응은 둘 중 하나다. 꾹 참고 아무 반응을 하지 않거나, "15%요?" 하고 놀라거나. 만약 '꾹 참는' 반응을 보인다면, 상대는 어떻게 생각할까? 아마도 '어? 15% 할인이 충분히 가능하겠는데?'라고 생각하지 않을까? 어떤 악독한 상대를 만나면 "회사에 다시 물어봤더니 20% 할인을 받아오라고 했다"고 더 세게 나올지도 모른다. 반대로, 만약 "15% 할인이요?" 하고 놀라며 감정을 드러냈다면? 상대는 '내가 좀 심했나?'라고 생각하게 된다. 앞에 앉은 협상 상대가 펄쩍 뛰며 놀라는데 그걸 무시할 사람은 흔치 않다. 이를 통해 서로의 입장을 확인할 기회가 열릴 수 있다.

그래서 많은 프로 협상가들은 "협상장에선 솔직하라"고 말한다. 특히 상대가 무리한 요구를 했을 땐 더더욱. 협상학에선 이를 플린칭 Flinching이라고 말한다. 상대의 요구에 깜짝 놀라거나 강하게 반문하는 행동을 통해 나의 감정을 드러내라는 것. 백 마디 말보다 더 큰 힘을 지닌 것이 몸짓이기 때문이다. 협상은 머리와 머리가 맞서는 싸움이 아니다. 사람과 사람 간의 커뮤니케이션이다. 협상을 잘하고 싶다면 '몸'으로도 말할 수 있음을 기억하라. 당신의 협상이 훨씬 더 부드러워질 것이다. 단, 이때 주의할 점이 있다. 감정을 표현한다면서 상대방의 제안을 평가하거나 비난해선 안 된다는 것이다. 나 혹은 회사 차원에서 받게 될 느낌만 전달하는 게 중요하다.

네 번째는 의도Intention다. 궁극적으로 내가 주장하는 내용이 무엇인지 밝히는 것이다. 상대의 제안 내용을 반박하려는 의도가 아니라, 양측 모두 만족할 해법을 찾아보자는 뜻을 전달할 수도 있다.

마지막은 상대의 피드백Feedback을 받는 것이다. 나의 제안에 대해 어떻게 생각하는지를 질문하라. 이를 통해 내가 일방적으로 통보하는 것이 아니라, 함께 대화하겠다는 뜻을 전달할 수 있다. 그리고 질문에 대한 답을 통해 상대의 입장도 파악할 수 있다.

그럼, 협상 상황에서 I-Message로 어떻게 말할 수 있을까? 당신이 중견기업의 영업 담당자라고 가정해보자. 회사 전체 생산량의 절반 이상을 납품하는 대기업과 납품 단가를 결정하기 위한 협상장에 회사를 대표해 나섰다. 원자재 가격이 10% 이상 올라서 아무래도 납품 단가를 올려야만 하는 상황. 그런데 상대인 대기업 구매 담당자가 대뜸 이렇게 말한다.

I-Message 5단계

| 1단계 Labeling 레이블링 | 2단계 Fact 있는 그대로의 사실 말하기 | 3단계 Feeling 말하는 사람의 감정 드러내기 | 4단계 Intention 말하는 의도 밝히기 | 5단계 Feedback 피드백 받기 |

"요즘 시장 상황이 너무 안 좋네요. 이번 납품 단가는 20% 낮춰주시죠."

어처구니없는 상대의 제안. 여기서 '싸움'을 하면 "말도 안 되는 말씀 하지 마세요!"라고 대응할 것이고, '도망'을 치면 "중요한 거래처니까 양보해드리겠습니다. 하지만 다음번엔 꼭 단가를 올려주시길 부탁드립니다"라고 고개를 숙일 것이다. 둘 다 협상 안 하느니만 못한 나쁜 결과를 얻게 된다.

이런 상황에서 I-Message를 사용하면 어떻게 대화할 수 있을까? 먼저 레이블링. "꺼내기 어려운 얘긴데, 납품 단가에 대해 제 입장에서 솔직히 말씀드려도 될까요?" 이를 통해 상대의 감정적 벽을 조금 낮출 수 있다. 둘째, 사실을 언급한다. "통계청에서 발표한 자료를 보니까 제품 생산에 사용되는 원재료 가격이 지난 분기에 비해 10% 올랐습니다. 그런데 납품가를 20% 내리면 저희 입장에서는 30% 정도 가격이 깎이는 셈입니다." 수치를 이용해 논쟁의 여지를 줄이는 게 필요하다. 셋째, 나의 감정을 말한다. "가격이 30% 깎이면 저희 회사 수익구조가 급격히 나빠질 것 같아 염려됩니다." 네 번째는 의도다. "제가 이런 말씀을 드리는 이유는, 적정한 가격을 보장해주실 때 납품 물건의 품질도 보장되고, 길게 봤을 때 서로에게 더 이익이 될 것 같기 때문입니다." 상대의 요구 조건을 받아들이기 어렵다는, 진짜 당신이 하고 싶은 말을 전달한다. 마지막으로 상대의 피드백을 받아야 한다. "너무 저희 입장만 말씀드린 것 같네요. 제 의견에 대해 어떻게 생각하십니까?"

어떤가? I-Message를 통해 상대의 감정을 건드리지 않으면서도 얼마든지 내 의사를 분명하게 전달할 수 있지 않은가?

어떤 이들은 이렇게 말할지도 모른다.

"협상에서 내 요구사항 하나 말하는 데 뭐가 이렇게 복잡합니까?"

옳은 지적이다. 협상에서 상대를 무조건 이기고 싶거든 굳이 힘들게 I-Message를 할 필요 없다. 하지만 상대와 나의 가치를 모두 만족시키고 더 큰 가치를 만들어내는 협상을 하고 싶다면, I-Message는 당신이 꼭 써야 할 무기다.

소설《어린 왕자》를 보면, 사막 여우가 어린 왕자에게 이렇게 말하는 부분이 있다.

"세상에서 가장 어려운 일은 사람이 사람의 마음을 얻는 일이란다. 각각의 얼굴만큼 다양한 각양각색의 마음을… 순간에도 수만 가지 생각이 떠오르는데 그 바람 같은 마음을 머물게 한다는 건 정말 어려운 거란다."

정말 어려운, 사람의 마음을 얻는 것. 이를 위해선 먼저 상대를 이해해야 한다. 그리고 이를 표현해야 한다. 그 수단이 바로 '말'이다. 특히 고객들과 직접 대화하는 사람일수록 공감하고 긍정하며 상대방의 감정을 존중하는 것이 중요하다. 어디 고객뿐인가, 부하직원과, 상사와, 자녀들과 이야기할 때도 마찬가지다.

공자님께서도 이런 말씀을 남기시지 않았는가. "말의 힘을 이해하지 못하면, 인간을 이해할 수 없다"라고. 기억하라. 사람들은 표현되지 않는 나의 진심을 결코 알아주지 않는다. 어떻게 말하느냐 그리고 상대의 말에 어떻게 반응하느냐. 그것이 사람의 마음을 얻기 위한 협상 3.0의 시작이다.

이 것 만 은 !

마음을 얻는 말을 하라

1. 공감하라, 받아들이지 않더라도
공감과 인정은 다르다. 공감한다고 해서 그 의견에 찬성하는 건 아니다. 나와 다른 상대의 의견을 반박하기 전에, 먼저 공감하라.

2. 부정을 긍정으로 만들어라
상대의 제안을 거절하기 위한 논리를 만들기 전에, 어떻게 하면 그 제안을 들어줄 수 있을지 고민하라. 'Yes, But' 대화법을 기억하라.

3. 상대와 싸우지 말고 문제와 싸워라
협상장에서 절대 물러설 수 없을 때가 있다. 이때는 상대와 싸워서라도 얻어내야 한다. 핵심은 '사람'이 아닌 '안건'에 대해서만 말하는 것이다. I-Message를 활용해 주장하라.

'틀'에
의도를
관철시켜라

4

서로 더 많은 것, 더 좋은 것을 얻기 위해 끊임없이 부딪치는 협상장. 그 안에서 주도권을 잡는 가장 쉬운 방법은 협상 상대가 가진 생각의 '틀'을 나에게 유리하게 만드는 것이다. 그래서 협상 3.0의 고수들은 고민한다. 협상의 '틀'을 만드는 방법이 무엇일까를. 나에게 유리한 협상 틀을 만드는 3가지 방법을 소개한다.

"**성공률은** 남들 못지않은데, 그 결과물이 썩 만족스럽지 않단 말이지?"

지난달 보험사 영업사원으로 입사해서 한창 발품을 팔며 뛰고 있는 나협상 팀장의 조카. 남 앞에 잘 나서지 못하는 성격이라 걱정을 많이 했지만, 입사 초기에 남들 못지않은 성과를 내고 있다고 한다. 하지만 항상 원하는 수준보다 한두 단계 아래의 상품으로 계약이 된다며 그에게 SOS를 청했다.

"삼촌이 얘기해준 대로 질문도 많이 하고, 고객이 뭘 중요하게 생각하는지 알아내려고 최대한 잘 듣고 있거든요? 그런데 상품을 딱 꺼내놓기가 너무 어려워요. 일단 '보험'이라고 하면 대부분 그렇게 긍정적으로 생각하지는 않으니까…."

"그러니까 넌 고객이 생각하는 조건 하에 최고의 상품을 제안하는데,

고객은 늘 네가 제안하는 것보다 한 단계라도 더 싼 걸로 계약하려고 한다, 이거야?"

"네, 제가 아무리 '이렇게 구성하셔야 혜택 범위도 넓고 가격도 적당합니다'라고 말해도 안 들어요. 대체 뭘 어떻게 해야 하죠?"

답답해하는 조카의 하소연을 듣던 나 팀장은, 아침 식사 중에 있었던 아내와의 대화 내용이 떠올랐다.

"여보, 나 어제 건강보험 하나 들었어. 지난주에 얘기했던 거 있지?"

"그래, 잘했어. 한 달에 4만 원 정도 나가는 거랬지?"

"응. 그리고 상협이 이름으로도 하나 더 들었어."

"상협이 보험? 그건 내년쯤에 하나 하기로 얘기했잖아. 갑자기 왜?"

부부 사이에 약속했던 보험 말고 아들 이름으로도 하나 더 가입했다고 말하는 아내. 돈 아끼는 습관이 몸에 배어 있는 아내에게 갑자기 무슨 바람이 불었나 싶다. 하지만 돈이 나가야 하는 보험에 가입하고도 그의 아내는 하나도 아깝지 않아 보였다. 오히려 다른 상품에 비해 납입금도 적고 보장 혜택도 많다고 자랑했다. 그러면서 이렇게 말했다.

"원래 상담원이 5만 원 넘는 걸 가입하라고 얘기했거든? 그런데 내가 보험 상품 목록 꼼꼼하게 보고, 이것저것 막 물어보다가 이 상품 발견한 거야. 여보 나 잘했지?"라며 한껏 신나했다.

　보험에 가입한 고객의 만족도까지 높여준 아내의 보험 상담원과, 보험 계약은 자주 성사시켰지만 늘 아쉬운 기분이 들고 만족스럽지 못한 조카. 나협상 팀장이 보기에 이 둘의 차이는 딱 하나였다. 협상에 임할 때의 목표.

　나 팀장의 조카는 협상 목표를 너무 낮게 설정하는 실수를 저질렀다. 예컨대 이달에 500만 원어치 보험계약을 하는 것이 목표로 제시됐다고 생각해보자. 그럴 때 800만 원을 팔겠다고 계획하는 것과 600만 원을 팔겠다고 계획하는 것, 둘 중 어느 쪽이 500만 원이라는 목표를 달성하기 쉽겠는가? 당연히 800만 원이다. 계획의 70%만 달성해도 목표를 초과하는 것이므로. 그런데 남들이 800만 원짜리 계획을 세울 때 당신은 600만 원짜리 계획을 세운다면?

　나 팀장은 조카에게 이렇게 조언했다.

　"지금까지 넌 600만 원짜리 계획만 세웠던 거야. 목표를 높게 잡아야 하는데 항상 '적당한 상품'만 추천해왔기 때문에 결과도 그리 만족스럽지 못했던 거지. 협상에서는 항상 내가 원하는 목표를 최대한 높게 세우라고 말해. 이건 어느 협상에서나 마찬가지야. 그렇게 해야 원래 목표를 달성하기 쉬워지니까. 물론 그 목표에 논리적 근거는 꼭 필요하고."

협상장은 서로 더 많은 것, 더 좋은 것을 얻기 위해 무수한 수싸움이 벌어지는 격전지다. 그 안에서 주도권을 잡는 가장 확실한 방법이 있다. 바로 '틀'을 지배하는 것. 무슨 뜻인지 알 듯 말 듯한가? 다음 사례를 통해 알아보자.

때는 1912년 미국 대선 현장. 시어도어 루스벨트 대통령 후보 선거 사무실이 발칵 뒤집혔다. 300만 부나 제작한 홍보 팸플릿의 사진 아래에 "Copyright by ○○"라는 문구가 발견된 것. 손바닥만 한 작은 사진으로 봤을 땐 글자가 보이지 않았는데, 사진을 확대하니 저작권자의 이름이 눈에 들어온 것이다. 개인 사진사가 찍은 사진을 참모진의 실수로 무단 사용한 셈. 만약 이 사진을 그대로 사용하려면 저작권법에 따라 최소 300만 달러 이상의 저작권료를 사진사에게 지불해야 했다. 비용을 아끼기 위해 사진사에게 알리지 않고 무단으로 사용한다면, 자칫 저작권 도용에 따른 도덕성 시비가 터질 수도 있었다. 그렇다고 다시 사진을 찍고 팸플릿을 제작하기엔 시간이 턱없이 부족했다.

여기서 질문. 만약 당신이 선거운동 본부장이라면, 사진사와 어떻게 협상하겠는가? 진심을 담아 "미안하다"고 사과하는 게 최선일까? 만약 상대가 너그러운 마음을 가진 사람이라면 이런 방식이 효과가 있을 수 있다. 하지만 그가 '이번 기회에 한 몫 챙겨야겠다'고 독한 마음을 먹었다면? 300만 달러가 아니라 훨씬 더 많은 돈을 지불해야 할지도 모른다.

실제로는 어떻게 됐을까? 선거운동 본부장은 사진사에게 단 1달러도 지불하지 않았다. 오히려 후원금으로 250달러를 챙겼다. 덤으로 사진사에게 '미안하다'는 사과까지 받아내면서 말이다. 어떤 '마술'을 부렸기에 이런 일이 일어난 걸까?

방법은 이랬다. 선거운동 본부장은 사진사에게 연락해 대뜸 "축하합니다"라고 말했다. 그러고는 "루스벨트 대통령 후보의 선거 팸플릿 300만 부에 당신의 이름이 박힌 사진이 실렸습니다. 이제 당신은 유명 사진사가 될 겁니다. 우리가 이런 호의를 베풀었으니 당신도 선거 기금으로 1,000달러 정도를 후원하면 어떨까요?"라고 제안했다. 이를 통해 선거운동 본부장은 사진사의 생각을 '사진 저작권료'가 아닌 '개인 홍보'라는 틀로 바꿔버렸고, 결과는 대성공이었다.[15]

상대의 생각을 '내 생각의 틀'에 가두는 것, 이를 학자들은 '프레임Frame'이라고 부른다. 이 개념은 2002년 노벨 경제학상 공동 수상자인 버논 스미스Vernon Smith와 대니얼 카너먼Daniel Kahneman 덕분에 크게 주목받았다. 이들은 다양한 실험을 통해, '사람은 항상 합리적으로 판단한다'고 가정하던 기존 경제학의 통념을 뒤집었다. 그리고 사람이 어떤 선택의 프레임, 즉 '틀' 속에 놓이느냐에 따라 똑같은 조건 하에서도 전혀 다른 선택을 하게 된다는 것을 증명해냈다. 바로 이것이 '행동경제학'이다.

쉬운 예를 들어보자. 미지근한 물이 담긴 대야가 있다. 두 사람이 같은 대야에 손을 집어넣는다. 한 사람이 말한다. "따뜻해." 그런데 다른 사람은 이렇게 말한다. "시원해." 무슨 일이 벌어진 걸까? 그렇다. "따뜻해"라고 말한 사람은 미지근한 대야에 손을 넣기 전에 그 손을 차가운 물속에 넣고 있었고, "시원해"라고 말한 사람은 뜨거운 물 속에 손을 넣고 있었다. 그래서 똑같이 미지근한 물에도 정반대의 반응을 보였다.

협상도 마찬가지다. 당신이 상대로부터 "따뜻하다"는 말을 듣고 싶거든, 상대를 먼저 차가운 물속에 들어가게 만들어라. 그 반대라면, 뜨거운 물에 먼저 집어넣어라. 바로 이것이 '프레임'이다. 자, 그럼 협상에서의 프레임. 어떻게 활용할 수 있을까?

첫 제안은 최대한 세게!

많은 사람들이 협상을 앞두고 고민한다.

"첫 제안을 할 땐 상대가 받아들일 만한 적당한 조건을 불러 빨리 타결시키는 게 좋을까, 아니면 세게 불러야 할까?"

적당한 조건을 요구하자니 상대가 나를 얕봐서 손해 보진 않을까 걱정된다. 그렇다고 세게 부르자니 상대가 내 제안을 거절해 협상이 깨질까 두렵다. 이러지도 저러지도 못하는 상황. 답은 뭘까?

프로 협상가들은 "무조건 '세게' 불러라!"고 말한다. 이를 협상학에선 에임하이Aim-High라고 한다. 목표를 높게 잡고 강한 첫 제안을 해야 한다는 것. 그 이유는 강한 첫 제안을 통해 협상의 범위를 결정짓는 '준거점'을 만들 수 있기 때문이다. 바로 이것이 '앵커링 효과Anchoring Effect' 또는 '닻 내림 효과'다. 배가 닻을 내린 곳에서 크게 벗어나지 못하듯, 사람의 사고도 처음 입력된 정보의 범위에 얽매이는 현상이다.

미시간 대학에서 있었던 협상 실험은 앵커링 효과를 잘 보여준다. 학생 400명을 두 그룹으로 나눠 같은 물건을 판매하라는 임무를 줬다. 모든 조건은 동일했다. 단 하나 다른 것은 '첫 제안'을 어떻게 하느냐는 것. A 그룹에게는 "첫 제안을 700달러 이상으로 하라"고 했고, B 그룹에겐 "700달러 이하로 첫 제안을 하라"고 했다. 결과는 어땠을까? A 그룹 학생들은 평균 625달러에 물건을 팔았다. 반면 B 그룹 학생들의 평균 판매 가격은 425달러였다. 첫 제안이 달랐을 뿐인데 200달러 정도의 차이가 난 것이다.

이처럼 사람들은 맨 처음 제시된 숫자, 즉 앵커링에서 크게 벗어나지 않으려는 경향을 갖고 있다. 그래서 처음 제시된 숫자가 700 이상인지 그 이하인지가 큰 영향을 미쳤다.

행동경제학에서 이를 증명한 재미난 실험 결과가 있다. 1부터 8까지의 숫자를 곱한 값이 얼마 정도 될 것 같은지를 묻는다. 다만 A 그룹에는 '1×2×3×4×5×6×7×8의 값'을, B 그룹에겐 '8×7×6×5×4×3×2×1의 값'을 물었다. 결과는 어땠을까? 숫자 1로 시작된 문제를 받은 A 그룹 답변의 평균치는 512였다. 반면 8로 시작된 문제를 받은 B 그룹의 평균치는 2,250! 4배 이상의 차이를 보였다. 첫 숫자가 무엇인가에 따라 사람들의 생각이 완전히 달라진 것. (참고로 정답은 40,320이다.)

첫 제안은 협상에서 오갈 조건의 '폭'을 만든다. 나에게 유리한 준거점을 만들어 앵커링 효과를 얻는 것, 그것이 에임하이가 필요한 이유다. 하지만 무조건 세게 부른다고 되는 건 아니다. 조건이 있다. '사연을 이야기할 수 있는' 수준의 제안이어야 한다. 사연이란 '근거'다. 내가 왜 그만큼 얻어야 하는지에 대한 '합당한 논거'가 필요하다는 뜻.

납품 단가를 정하는 협상 상황을 생각해보자. 지금까지 납품한 가격보다 10% 이상 가격을 올리라는 지시를 받은 당신. 상대에게 이렇게 말한다.

"기존 납품가에서 10%는 인상해주셔야 해요. 그게 저희 회사 방침입니다."

어떤가? 당신이 구매 업체 담당자라면 '10% 인상'이라는 말이 정당하다고 느껴질까? 구매 업체 담당자는 "안 됩니다. 그건 저희 회사 방침과 다릅니다"라고 반박하지 않을까?

합당한 논거는 객관적으로 받아들일 수 있는 내용이어야 한다. '다른 구매 업체들은 물가상승률과 원자재 가격의 인상 폭을 고려해 10% 이상 납품 단가를 올렸다'라며 다른 업체와 비교한다거나, '제품의 품질을 높여 불량률을 1% 이하로 낮췄기 때문에, 단가 인상 요인이 된다'는 식으로, 상대가 받아들일 수 있는 논거를 제시해야 한다. 나의 제안 뒤에 이어질 '왜냐하면'이라는 접속사 뒤에 들어갈 마땅한 말이 없다면('지금까지 너무 싸게 납품해왔잖아요' 따위의 이유 말고), 당신의 제안은 상대에겐 그저 욕심일 뿐이다. 특히 거래가 장기적으로 지속될 관계라면 사연의 힘은 더더욱 중요하다. 장기적 관계가 중요한 상대에게 무조건 세게만 부르면, 나에 대한 상대의 신뢰가 깨질 수도 있다.

여기서 이어지는 두 번째 질문.

"그럼, 내가 무조건 첫 제안을 하는 게 좋겠군요?"

과연 그럴까? 나협상 팀장의 이야기에서 힌트를 얻어보자.

유통 사업을 시작한 강한방 사장이 나 팀장을 찾아와 하소연을 늘어놓았다. 새 사업 진출을 앞두고 '블루오션'이라며 신나게 속도를 내더니, 뭔가 잘못됐나 보다.

"이제 와서 다시 가격을 깎아달라고 할 수도 없고…."

"왜, 물건에 문제 있어?"

"아니, 그게 아니라… 이 사업이 좋아 보이니까, 우리 회사 따라서 다른 회사들도 들어왔거든. 근데 그 회사들 계약 조건이 우리 회사 조건보다 훨씬 좋은 거 같아서…."

사정은 이랬다. 시장 선점이 중요하다고 판단한 강한방 사장은 3개의 거래처만을 놓고 스피디한 가격 협상을 했다. 나름의 시장 조사 후 야심차게 세게 던진 가격! 그런데 웬걸, 상대는 잠시 망설이는 듯하더니 그 자리에서 "OK!"를 외쳤다.

속전속결로 끝난 협상에 양측 모두 웃는 얼굴로 계약서에 사인한 게 한 달여 전. 그런데 몇 주 전부터 속속 들리는 경쟁 회사들의 계약 소식에 강한방 사장의 심기가 영 불편하다. 심한 곳은 거래 단가가 20%나 차이 나는 게 아닌가.

"이긴 줄 알았는데 졌다, 이거네?"

속상해하는 친구에게 소주 한잔 따라주며 나협상 팀장이 말을 이었다.

"그러니까 협상하기 전에 준비를 철저하게 했어야지. 그리고 제안을 누가 하느냐도 아주 중요하고."

소주잔을 비우더니 강한방 사장이 묻는다.

"제안? 그건 일단 내가 먼저 치고 들어가야 되는 거 아냐?"

"꼭 그런 건 아냐. 먼저 나서는 게 오히려 독이 될 때도 있어. 많은 사람들이 '협상할 땐 일단 내가 먼저 제안하는 게 유리하다'고 생각해. 그래야 상대방을 내가 생각한 조건 쪽으로 끌어올 수 있다고 생각하거든."

"맞아, 나도 그런 내용을 어디서 본 것 같은데?"

"하지만 그건 반은 맞고 반은 틀렸어. 먼저 제안하는 건 내가 상대방보다 많은 걸 알고 있을 때에만 먹히는 방법이거든. 정보가 충분하지 않은데 내가 먼저 제안을 하면, 그게 오히려 상대에겐 고마운 제안이 될 수도 있는 거지."

잘 이해되지 않는 듯한 상대의 표정을 보고 나협상 팀장이 쉬운 예를 들어줬다.

"아내가 과일 좀 사 오라고 해서 시장에 갔다고 쳐보자. 넌 사과

하나에 1,000원 정도면 괜찮을 거 같아서 '하나에 800원씩 주세요!' 라고 야심차게 첫 제안을 했어. 그랬더니 과일가게 주인이 '그러세요'라며 사과를 싸주면, 넌 기분이 어떨까?"

"속았나? 이런 생각이 들겠지?"

"맞아. 과일가게 주인은 하나에 500원에 사과를 팔았는데, 네가 고맙게도 첫 제안을 800원으로 해준 덕분에 훨씬 좋은 가격으로 팔 수 있었던 거지. 이것처럼, 네가 잘 모르는 상황에서 첫 제안을 하는 건 너무 위험한 행동이야. 이제 좀 이해가 되나?"

"음… 그렇군."

"넌 이번 사업을 시작하면서 '일단 빨리 끝내자!'는 생각에 너무 서둘렀던 것 같아. 좀 더 철저하게 준비했다면 좋았을걸…."

이런 실수는 협상 준비에 미숙한 아마추어들이 흔히 저지른다. 해외여행 중 골동품 시장에 들렀다고 생각해보자. 멋진 카펫을 발견한 당신. '강한 첫 제안'을 한다고 "10달러!"를 불렀다. 그러자 가게 주인이 흔쾌히 "OK"를 외친다. 이 순간 당신은 어떤 기분이 들까? '좀 더 낮은 가격을 불렀어야 했나?' 뒤늦게 후회가 밀려든다.

왜 이런 일이 생긴 걸까? 답은 '정보'에 있다. 당신은 카펫의 시세를 모르기 때문에 스스로 생각하기에 싼 가격을 불렀는데, 상대가 너무 쉽게 "OK" 하니까 오히려 손해 본 느낌이 든 것이다. 정보가 없는 섣부른 첫 제안은 '이기고도 진' 승자의 저주를 만든다. 정보가 충분치 않다면, 상대의 제안을 기다려라. 상대의 제안을 듣고 협상의 정보를 얻는 것이 먼저다.

항구에 정박한 배는 항상 닻을 내린다. 그래야 파도가 치고 바람이 불어도 배가 크게 움직이지 않는다. 협상에서도 '닻'이 필요하다. 이를 통해 상대의 사고의 폭을 나에게 유리한 쪽으로 조정할 수 있다. 기억하라. 닻은 당신이 던질 수 있는 가장 유리한 곳에 던져야 한다.

단점을 신뢰로 전환시켜라

1950년대 초, 미국에서 자리 잡지 못해 고전하던 폭스바겐이 하루는 사람들의 눈을 의심하게 만드는 광고를 실었다. '불량품이 생겼다'는 걸 알린 것. 그 아래엔 이런 내용이 적혔다.

"이 차는 글러브박스 띠에 작은 흠이 있어 교체해야 하므로 판매하지 않습니다. 보통 사람들의 눈엔 잘 띄지 않을 작은 흠이지만, 크루트 크로너라는 검사원이 발견해냈습니다."

자동차 성능에 아무런 영향도 주지 않는 작은 흠이었다. 하지만 폭스바겐은 그걸 이유로 판매하지 않는다는 걸 알렸다. 이 광고를 보고 사람들은 생각했다. '폭스바겐은 작은 것 하나까지도 꼼꼼히 확인하는 기업이구나.'

다른 기업들과 차별화된 마케팅 전략 덕분인지 이후 폭스바겐은 미국에서 승승장구했고, 1955년 미국 진출 6년 만에 100만 대 판매를 달성했다.

협상을 앞둔 많은 사람들은 자기 제안의 장점만 생각해낸다. 품질이 우수하다, 가격 경쟁력이 있다 등등. 반면 경쟁사보다 뒤떨어지는 내용은 꼭꼭 숨겨둔다. 이를 통해 '완벽하다'는 걸 어필하려 한다.

그럼 제안을 받은 사람은 어떻게 생각할까? "정말 최고군요"라며 감탄하는 사람은 흔치 않다. 아니, 아무도 없다. 대신 '이 제안의 문제는 뭘까?'를 고민한다. 그러고는 기어코 발견해낸다. 그리고 묻는다.

"그 문제는 어떻게 해결하실 건가요?"

이때의 대응이 중요하다. 많은 사람들은 '변명'한다. 그 문제는 그리 중요한 게 아니라고, 더 큰 걸 얻을 수 있다고 말이다. 하지만 상대 생각은 다르다. 문제를 '해결'해내는 게 중요하다. 아무리 '별것 아니다'라고 말해봤자 소용없다. 변명하면 할수록 오히려 신뢰만 잃게 된다.

프로 협상가들은 문제를 솔직하게 인정한다. 아니, 상대가 묻기도 전에 먼저 문제를 드러내기도 한다. 폭스바겐의 광고처럼 말이다. 그래서 문제가 별것 아니라고 싸우는 것이 아니라, 어떻게 해결할 수 있을지에 대해 함께 의논한다. 이유가 뭘까? 이 과정에서 상대의 신뢰를 얻을 수 있기 때문이다.

내가 '문제'라고 생각하는 것에 대해 '그건 별 문제가 아니다'라고 반박하며 무마하려는 사람과, '충분히 문제로 느낄 수 있다'고 인정하며 해결책을 함께 논의하는 사람. 당신은 이 두 사람 중 누구의 말을 더 믿겠는가? 답은 너무도 자명하다. 단점은 숨긴다고 숨겨지는 게 아니다. 인정하라. 이를 통해 상대의 신뢰를 얻게 될 것이다.

협상 3.0을 하는 협상가는 여기서 한발 더 나간다. 단점을 인정한 후 이를 오히려 이용한다. 예를 들어보자. 경쟁사보다 품질이 좋고 가격도 싼 제품을 생산하는 당신. 하지만 제작기간이 오래 걸려 고객이 요구하는 일정을 맞추기 어렵다. 이때 이렇게 말하면 어떨까?

"저희 제품이 경쟁사 제품에 비해 출시 시기는 좀 늦습니다. 좀 더 복잡한 품질 검사를 거쳐야 하기 때문입니다. 하지만 이 덕분에 불량률이 훨씬 더 낮습니다. 그리고 가격도 5% 저렴합니다."

어떤가? 먼저 '일정'이라는 나의 문제를 인정했다. 그와 동시에, 그 문제를 '품질 향상을 위한 수단'으로 바꿨다. 단점이 장점이 되는 프레임을 만들어낸 것. 문제를 '해결해야 할 골칫덩어리'로 생각하면, 그 문제를 협상 상대에게 숨길 방법만 생각하게 된다. 그러다 들키기라도 하면 당황한 모습을 상대에게 고스란히 보이고 신뢰를 잃게 된다. 하지만 문제를 '우리가 활용할 수 있는 수단'이라고 생각하면, 어떻게 매력적으로 전달할 수 있을까 고민하게 된다.

단점을 인정하고 이용해 협상에 성공한 사례가 있다. 2022년 월드컵 유치전에서의 협상이다. 많은 전문가들의 예상을 깨고 카타르가 이겼다. 인구 170만 명, 면적은 우리나라 경기도 크기에 불과한 나라가 세계인의 축제인 월드컵을 유치해낸 것. 이들의 유치 가능성을 낮게 본 이유 중 하나는 땅덩어리 크기였다. FIFA 집행위원단은 '국토가 워낙 좁아 경기장을 다 지을 수나 있을까? 너무 번잡하진 않을까?' 우려했다.

FIFA 집행위원들의 마음을 돌려야 했던 카타르 유치단. 고심 끝에 이들이 선택한 답은 이랬다.

"네, 우리 국토는 좁습니다. 그래서 12개 경기장이 반경 25~30km에 집중돼 복잡할 수도 있죠. 하지만 그 덕분에 선수들의 이동거리가 짧고, 관객들은 조금만 움직이고도 하루에 두 경기를 볼 수 있습니다."[16]

카타르 유치단은 FIFA 집행위원들과의 협상에서 '경기장을 다 지을 만큼 충분히 넓다'고 반박하지 않고, 좁다는 문제를 '쿨하게' 인정했다. 그리고 그걸 새로운 강점 요인으로 만들어냈다. 바로 이것이 단점을 이용한 협상이다.

사람들은 완벽한 걸 원한다. 하지만 협상 상대가 '완벽하다'고 말하면 일단 의심한다. 단점을 먼저 인정해 상대의 신뢰를 얻어라. 그리고 이를 역으로 활용하라. 단점도 생각의 틀에 따라 장점이 될 수 있다.

상대가 잃게 될 것을 일깨워라

다음 2가지 질문에 답해보자.

1. 당신은 1,000만 분의 1의 희박한 확률로 사망할지도 모르는 희귀병을 앓고 있다. 그런데 최근 이 병을 치료할 수 있는 신약이 개발

됐다. 당신이 이 약을 산다면, 비용을 얼마까지 지불할 수 있는가?

2. 당신은 신약 실험 참가자를 모집하는 광고를 봤다. 수차례 임상 실험을 통해 안정성은 충분히 검증됐다. 하지만 예상치 못한 부작용으로 1,000만 분의 1의 희박한 확률로 사망할 수도 있다. 당신은 참가비로 얼마의 돈을 주면 이 신약 실험에 참가하겠는가?

2가지 질문에 대해 각각 얼마 정도의 비용을 생각했는가? 눈치챘겠지만, 두 상황은 동일하다. 하지만 확신하건대, 대부분의 독자들은 1번보다 2번 질문에 훨씬 더 많은 금액을 생각했을 것이다. 우리가 감히 이렇게 확신하는 근거는 뭘까? 사람은 무언가를 새로 얻을 때의 기쁨보다 가진 걸 잃었을 때의 아픔을 훨씬 더 크게 느끼기 때문이다. 노벨경제학상을 수상한 인지심리학자 대니얼 카네만 교수는 "손실이 이득보다 2.5배 정도 영향력이 더 크다"고 했다. 이를 심리학에서 '손실 회피 Loss Aversion'라고 한다.

1번 질문은 내가 갖고 있는 희귀병을 '치료하기 위한' 비용을 물었다. 이는 '이득'을 얻기 위해 지불할 수 있는 금액이다. 2번 질문은 반대다. 현재 나의 삶을 '잃는' 것을 감수할 수 있는 비용을 물었다. 다시 말해 '손실' 비용을 얼마로 생각하는가를 물은 것. 사람들은 손실을 피하려는 '손실 회피 심리'를 갖고 있기에, 후자의 질문에 대해 더 큰 금액을 생각하는 것이 당연한 결과다.

한 다큐멘터리[17]에서 이를 증명하는 재미난 실험을 했다. 제작진이 지나가는 사람에게 2만 원을 선물로 준다. 그리고 그 사람에게 말한다. "지금 받은 2만 원을 걸고 확률 50%의 게임을 하시겠어요? 게임에서 이기면 3만 원을 더 받을 수 있습니다." 당신이라면 내기에 참여하겠는가? 대부분의 사람들은 '공짜'로 생긴 2만 원에 행복해하며 게임에 참여하지 않았다.

그러자 제작진이 상황을 바꿨다. 이번엔 2만 원이 아닌 '5만 원'을 한꺼번에 준다. 공짜로 생긴 5만 원에 행복해하는 찰나, 5만 원 중에 3만 원은 다시 돌려달라고 한다. 그리고 이렇게 말한다. "저에게 돌려주신 3만 원을 되찾으시려면 2만 원을 걸고 확률 50%의 게임을 하셔야 합니다. 하시겠습니까?"

결과는 어땠을까? 이번에는 대부분의 사람들이 게임에 참여했다. 이 실험은 BBC에서도 똑같은 방식으로 이뤄졌던 것으로, 결과는 마찬가지였다.

둘 다 '2만 원을 걸고 3만 원을 더 얻기 위한 게임에 참여할 것인가?'라는 질문이다. 그런데 사람들의 선택은 달랐다. 무슨 차이가 있을까? 바로 '손실 회피 심리'를 자극했다는 것. 후자는 게임에 참여해서 얻을 수 있는 이익을 사람들에게 먼저 보여주었다. 즉 내기에 참여한 사람들은 잠시 자기 손에 들어왔다가 '사라진' 3만 원에 대한 고통으로 게임에 참여하게 된 것이다.

그렇다면 손실 회피 심리를 협상에선 어떻게 활용할 수 있을까? 해외 기업 제품의 유통권을 들여오기 위한 업무 제휴 협상을 생각해보자. 당신은 큰 규모의 자본 합작을 통해 한국 시장뿐 아니라 중국, 일본 등으로까지 사업을 확장하길 원한다. 하지만 상대는 한국 시장에서의 유통권만 주겠다고 맞선다. 이때는 내가 원하는 결과 그리고 이를 통해 상대가 얻을 수 있는 이익이 극대화된 상황을 먼저 보여줄 필요가 있다. 이를 통해 상대가 '이번 협상이 잘되면 우리 비즈니스가 최고가 되겠구나!'라고 '느끼도록' 하는 게 중요하다. 그 후에 상대가 주장하는 제안의 결과, 예를 들면 지역이 줄어들거나 가격이 할인돼 공격적인 마케팅을 할 수 없는, '그저 그런' 상황을 보여준다. 그리고 '우리가 제안한 조건을 받아들이면 이런 점이 좋습니다. 이렇게 좋은 걸 놓치시겠습니까?'라고 제안하면 어떨까? 그럼 상대는 '아까 봤던 최고의 상황'이 사라진 것을 아쉬워하게 되고, 그걸 되찾고 싶다는 욕심을 갖게 될 것이다.

이러한 손실 회피 심리를 활용한 대표적인 협상 사례가 있다.[18] 미국의 부동산 거물인 도널드 트럼프Donald Trump가 뉴욕 맨해튼 5번가에 '트럼프 타워'를 지을 때 티파니 사Tiffany & Co와 벌인 협상이다. 50층 이상의 고층 건물을 지으려 했던 트럼프는 근처 티파니 스토어의 공중권이 필요했다. 얼마의 비용을 들여서라도 공중권을 사고 싶었던 트럼프. 하지만 건물주 월터 호빙Walter Hoving이 조망권 등을 이유로 고층 건물이 들어서는 걸 반대하진 않을까 걱정했다.

고심 끝에 트럼프는 호빙과의 협상장에 2개의 건물 모형을 가지고 갔다. 하나는 티파니 스토어에 어울릴 만한 멋지고 우아한 50층짜리 건물 모형, 즉 트럼프가 짓고자 하는 건물의 모형이었다. 다른 하나는 티파니 사가 협조하지 않을 경우 뉴욕 시 지역개발국이 짓게 될 건물이었다. 이 건물은 벽면 전체가 철망으로 덮인, 보기 흉한 모양이었다. 2개의 모형을 본 호빙의 선택은? 당연히 트럼프의 제안이었다.

트럼프는 본인이 원하는 것을 얻기 위해 상대를 협박하거나 애걸하지 않았다. 자신이 제안하는 것을 받아들이지 않을 경우 상대가 '잃게 되는 것'이 무엇인지를 보여줬을 뿐이다.

펜실베이니아 대학 와튼스쿨에서 수많은 경영인들에게 협상을 가르치는 리처드 셸Richard Shell 교수는 말했다.

"당신은 상대를 설득할 수 없다. 상대가 스스로를 설득하도록 도울 수 있을 뿐이다."[19]

상대와의 협상에서 성공하고 싶은가? 그럼 내가 팔고 싶은 것을 상대가 먼저 '자기 것'으로 생각하게 하라. 그리고 나의 말을 듣지 않으면 그것이 사라질 거라고 '느끼게' 만들어라. 당신의 말로 상대를 움직이겠다는 건 욕심이다. 그저 상대 스스로 움직일 수 있도록 멋진 판을 꾸려주는 것, 그게 당신이 유일하게 할 수 있는 일이다.

이 것 만 은 !

'틀'에 의도를 관철시켜라

1. '제대로' 제안하라

첫 제안은 '세게' 해야 한다 Aim-High. 이를 통해 상대의 생각을 나에게 유리하게 끌어올 수 있다. 하지만 여기에는 조건이 있다. 나에게 충분한 '정보'가 있어야 한다는 것이다.

2. 문제를 기회로 만들어라

신뢰를 쌓고 싶으면 단점을 알려라. 숨기면 나중에 더 큰 문제가 될 수 있지만, 드러내면 오히려 좋은 기회가 될 수 있다.

3. 손실 회피 심리를 자극하라

사람들은 새로운 것을 '얻는 것'보다 갖고 있던 것을 '잃는 것'에 더 민감하다. 당신의 협상 상대도 마찬가지. 상대가 무엇을 얻는지 먼저 보여줘라. 그리고 당신과의 협상이 결렬되면 그것을 '잃을' 수 있음을 느끼게 하라.

대안 없이
—
벼랑 끝에
—
서지 마라
—

5

협상은 갑과 을의 싸움이 아니다. 배트나 있는 자와 없는 자의 싸움이다. 협상이 결렬되더라도 내가 선택할 수 있는 다른 대안이 있다면, 상대에게 매달리지 않을 수 있다. 이처럼 배트나는 협상에서 주도권을 갖기 위해 매우 유용한 도구다. 이번 장에서는 배트나를 어떻게 이용해야 하는지 알아본다.

"**성질나서** 정말. 자기가 세상에서 제일 잘난 줄 안다니까! 어? 당신 일찍 들어왔네?"

"왜 그래? 무슨 일 있었어?"

오랜만에 일찍 퇴근하고 편하게 쉬려는 나협상 팀장의 소박한 소망은 오늘도 어김없이 날아가 버리나 싶다. 한가득 장바구니를 들고 들어오던 아내는 나 팀장을 보자 갑자기 신경질을 내며 소파에 주저앉았다.

"아니, 아파트 상가에 있는 세탁소 있잖아? 거기에 당신 양복을 맡긴 지 5일이나 지났거든? 근데 배달이 안 오는 거야. 하도 답답해서 내가 찾으러 가서 다 됐냐고 물어보니까, 내 얼굴은 쳐다보지도 않고 옷걸이를 막 뒤져보더니 '아직 안 됐네? 이따 9시쯤 갖다 드릴게요' 그러는 거야. 나 참 어이가 없어서…."

"뭐? 무슨 그런 데가 다 있냐? 감히 누구한테! '내가 가서 확 엎어 버릴까?"

"됐네, 이 사람아! 만날 말만…."

한참을 씩씩거리던 아내는 나 팀장의 오버액션에 살짝 미소를 보인다. 이제 됐다, 싶어 아내의 어깨를 주무르며 말을 이었다.

"근데 그 가게, 저번에도 그러지 않았어? 다른 세탁소에 맡기면 안 돼?"

"다른 세탁소까지 가려면 20분도 더 걸어야 된단 말이야. 저 뒷동네로 한참 걸어 올라가야 하는데 어떻게 가?"

"그래서 그 사람들이 그렇게 뻣뻣하게 구는구나?"

"응? 그게 무슨 말이야?"

"당신 말대로라면 우리 아파트 사람들은 다른 세탁소를 갈 수가 없잖아. 다른 대안이 없으니까 매번 그쪽에서 하자는 대로 따라갈 수밖에 없는 거고."

"대안? 하긴, 난 거기 아니면 다른 대안이 없구나…."

왠지 풀 죽은 듯한 아내의 모습에 나협상 팀장이 힘을 주기 위해 말을 잇는다.

"그렇게 좌절하진 마. 세탁소는 대안이 없지만, 과일 살 때는 다른 아파트보다 훨씬 신선한 과일을 싸게 사잖아. 우리 아파트 근처에는 과일가게가 네 군데나 있으니까."

"에이, 몰라! 어쨌든 그럼 난 계속 그 세탁소한테 당할 수밖에 없는 거잖아. 뭐 이래? 우리 이사 갈까?"

"세탁소가 마음에 안 든다고 이사를 가? 그렇게 억울하면 다른 방법을 찾아봐야지."

"다른 방법?"

"아니 뭐, 대단한 건 아니고…."

나협상 팀장은 물 한 잔 들이켜며 아내에게 물었다.

"여보, 그 세탁소에 대한 불만이 우리 집만 있을까?"

"당연히 아니지, 지난달 반상회에서도 얼마나 말들이 많았는데."

"그럼 왜 다들 가만히 있는 거야?"

"당신이 말했잖아, 대안이 없어서 당할 수밖에 없다고."

"지금 당장은 대안이 없지만 그렇다고 매번 손 놓고 당하기만 할 수는 없잖아? 대안을 만들면 되지!"

대안을 만들라는 얘기에 아내는 이게 무슨 뚱딴지같은 소리인가, 하는 눈빛으로 나 팀장을 쳐다봤다. 지난 회의 시간에 나 팀장이 팀원들에게 "대안을 만들라고, 대안을!"이라고 얘기했을 때의 반응과 어쩜 이렇게 똑같은지.

"자, 우리가 다른 세탁소에 옷을 못 맡기는 이유가 뭐지?"

"그야 너무 멀잖아. 왕복 40분을 왔다 갔다 하느니 그냥 속 좀 썩고 말지…."

"그럼, 그 왕복 40분이 줄어들면 되는 거네?"

"'뛰어서 갔다 와, 운동도 할 겸!' 이딴 소리 하면 가만 안 둔다?!"

"자, 잘 들어봐. 당신 말마따나 우리 집 말고도 불만을 갖는 사람들이 많다고 했지? 열 명이면 열 명, 다 왔다 갔다 하려면 힘들겠지만, 그걸 한 사람이 다 모아서 가지고 가면 나머지 사람들은 그런 수고는 안 해도 되는 거 아닌가?"

"세탁소 당번을 정하라는 얘기야?"

"그렇지! 그럼 저 망할(?)놈의 세탁소 주인도 긴장하겠지. 이게 뭔가, 싶을 테니까 말이야. 우리에게 대안이 생기는 거니까 유리한 입장이 되는 거고."

아내는 뭔가 생각난 듯 머리를 굴리는 것 같았다. 그러더니 머리를 쥐어박으면서도 활짝 웃으면서 나 팀장에게 달려왔다.

"여보, 그럴 필요도 없이, 저 뒷동네 세탁소에 전화해서 배달 서비스 해달라고 그러면 되겠네! 그럼 우리가 힘들게 갈 필요도 없고, 나쁜 세탁소 주인아저씨도 긴장할 테고?"

"그건 더 좋은 대안인데? 그럼 우리 입장에서는 당연히 더 좋은 대안을 선택하면 되는 거지!"

한참 작전 회의를 하던 중, '띵동' 하는 벨소리가 울렸다. 시간을 보니 약속했던 9시는 이미 훌쩍 지나 있었다. 피곤에 찌든 얼굴로 양복을 내미는 세탁소 아저씨에게 전에 볼 수 없던 미소와 친절함을 풍기며 상냥하게 옷을 받는 아내. 배달 온 주인은 '이게 뭔가' 싶은 듯 얼떨떨한 표정으로 돌아갔고, 아내는 벌써 '이겼다!'는 승리감을 한껏 즐기는 얼굴로 나협상 팀장을 바라보며 옷을 내밀었다.

배트나가 있으면 '을'도 파트너가 된다

협상 워크숍을 하다 보면 워크숍 참가자들이 종종 이런 질문을 한다. "저는 대기업에 납품을 하고 있습니다. 그런데 대기업에서 갑을 관계라는 걸 무기 삼아 터무니없는 요구를 하는 경우가 있습니다. 저는 주로 '을'의 위치에 있기 때문에 협상이 너무 어려워요. '을'이 '갑'을 상대로 협상을 잘하는 방법은 없나요?"

이 질문에 대한 답은 2가지다. 하나는 '협상에서 갑과 을이란 없다'는 것. 갑과 을의 관계에서는 힘의 크기가 일방적이다. 상대적으로 지위가 높은 사람이 '갑'이 되고 힘없는 자가 '을'이 되어, 갑이 을에게 일방적인 요구를 하는 것이 갑을 관계다. 하지만 협상은 한 사람이 일방적으로 요구하고 다른 사람은 복종하기만 하는 자리가 아니다. 갑이 을과 '협상'을 하고 있다는 것은 갑도 무엇인가 을에게 원하는 것이 있다는 뜻이다. 그래서 아무리 '을'의 위치에 있는 사람이라도 갑이 필요로 하는 '가치'를 줄 수 있다면, 갑을 관계는 '파트너' 관계로 바뀔 수 있다. 결국 '을'이 스스로를 어떤 위치에 두느냐가 중요하다. 너무 이상적으로 들리는가? 그렇다면 좀 더 현실적인 다음 답을 들어보라.

두 번째 답은 배트나BATNA : Best Alternative to a Negotiated Agreement를 활용하라는 것이다. 배트나는 하버드 대학 협상 교수인 로저 피셔와 윌리엄 유리가 제안한 개념[20]으로, "협상이 결렬됐을 때 내가 선택할 수 있는 최선의 대안"을 말한다. 나 팀장의 아내가 손에 쥐게 된 것, 그것이 바로 배트나다.

다음 경우를 한번 생각해보자. 아파트 전세 계약 기간이 끝나 이사를 가야 하는 당신. 맘에 쏙 드는 집을 발견했다.

"이 금액에 계약하시겠어요?"

부동산 중개업자의 질문에 잠시 망설이는 당신.

'정말 이 집이 최선일까? 지금보다 1,000만 원 정도는 깎을 수 있지 않을까? 집주인에게 도배는 부탁해야 하지 않을까?'

머릿속에 수많은 생각들이 오간다. 결정을 내리지 못하는 당신에게 부동산 중개업자가 다시 한마디 한다.

"오늘 오전에도 이 집 보고 가신 분 있어요."

이 말을 듣는 순간 당신은 마음이 흔들린다. 그러는 찰나, 부동산 중개업자의 전화벨이 울린다.

"1003호요? 지금 마침 그 집 보고 있는데… 30분쯤 뒤에 이리로 바로 오시겠어요?"

중개업자가 전화를 끊자마자, 당신이 서둘러 말한다.

"좋습니다. 제가 계약하는 걸로 할게요."

갑자기 다급해진 당신. 이유가 뭘까?

결론부터 말하자면, 부동산 중개업자가 '배트나'를 활용했기 때문이다. 자신에게는 당신 말고도 다른 대안이 있음을 어필하며, 빠른 결정을 내리도록 당신을 압박한 것. "다른 사람도 이 집을 탐내고 있다"는 말 한마디가 갖는 힘이 그만큼 크다. 그래서 협상을 아는 사람은, 자신의 배트나가 좋을 때 그것을 상대에게 적절히 알린다. 그로써 협상의 주도권을 쥔다.

이런 점에서 배트나는 '갑'과 '을'의 관계를 뒤집는 묘수가 될 수 있다. 계약서상에서는 '을'이라도, 갑 이외에 다른 업체들과 거래할 기회가 많다면 갑인 상대에게 고개 숙일 필요가 없다. 반대로 아무리

'갑'이라도 '을' 말고 마땅한 대안이 없다면, 갑 행세를 하기 어렵다. 결국 협상에서의 갑을 관계란 배트나가 있느냐 없느냐로 정해진다 해도 과언이 아니다. 그래서 '을'의 위치에서 협상을 잘하기 위해선 배트나를 적절히 활용하는 게 중요하다.

이처럼 배트나는 협상에서 주도권을 갖기 위해 매우 유용한 도구다. 그래서 프로 협상가들은 협상하기 전에 항상 나의 배트나가 무엇인지 연구한다. 그리고 나에게 좋은 배트나가 있다면, 이를 적극 활용한다. 이를 통해 상대가 나와의 협상에 대해 '괜찮은 거래구나', 혹은 '놓쳐선 안 되는 계약이구나'라고 인식하도록 만들어낸다.

기억하라. 협상에서 계약서상의 '갑'과 '을'은 무의미하다. 배트나 있는 협상가가 갑이고 그렇지 못한 자가 을이다.

배트나는 주어지는 것이 아니라 만들어내는 것

배트나의 중요성은 아무리 강조해도 지나치지 않다. 그래서 협상 워크숍을 할 때도 다양한 실습을 통해 배트나의 힘을 체감하도록 한다. 참가자들도 다양한 사례를 통해 배트나의 중요성을 느끼며 감탄

한다. 그런데 꼭 한 명씩 이런 질문을 한다.

"배트나가 좋은 건 알겠는데, 우리 회사에는 배트나가 없습니다. 그럼 저희에게 배트나는 쓸모없는 그림의 떡 아닌가요?"

여기에 대한 답은 단호하게 "No"다. 그 이유가 뭔지 다음 사례를 통해 알아보자.

미국 텍사스의 '휴스턴 전기전력회사'가 북아메리카에서 두 번째로 큰 규모의 철도회사 '벌링턴 노던 산타페Burlionton Northern Santa Fe(이하 BNSF 철도)'와 벌였던 협상 상황을 보자.[21] 휴스턴 전기전력회사는 발전에 필요한 석탄을 대량으로 구입해야 했는데, 이를 회사 발전소까지 끌어오려면 석탄을 운반할 철도가 반드시 필요했다. 회사 발전소까지 오는 철로는 BNSF가 독점한 철도가 유일해서, 휴스턴 전기전력회사는 자연스레 BNSF 철도를 이용하고 있었다.

이런 상황에서 독점권을 가진 업체는 자연스럽게 '횡포'를 부리게 되는 법. BNSF 철도가 받아가는 연간 운송비용은 점점 높아지더니 결국 1억 9,500만 달러에 이르렀다. 반면 서비스는 해가 갈수록 나빠져만 갔다. 그럼에도 휴스턴 전기전력회사는 울며 겨자 먹기 식으로 BNSF 철도의 요구를 들어줄 수밖에 없었다. BNSF 철도 말고는 마땅한 대안, 즉 협상에서의 배트나가 없었기 때문이다.

이때 휴스턴 전기전력회사 구매 담당자가 아이디어를 냈다. BNSF 철도의 경쟁사로 북아메리카 철도 점유율 1위를 기록 중이던 유니언 퍼시픽Union Pacific을 협상에 끌어들이기로 한 것. 당시 유니언 퍼시픽의 철도 선로는 휴스턴 전기전력의 발전소에서 10마일(약 16km) 정도 떨어진 곳에서 끊어져 있었다. 그 선로를 발전소까지 연장하자는 계획을 세운 것이다. 그리고 이 계획을 BNSF 철도에 알리며 '이래도 계속 높은 가격을 요구할 테냐?'고 물었다.

반응은 어땠을까? BNSF 철도는 코웃음을 치며 '마음대로 해보라'고 맞섰다. 10마일 정도의 철로를 연장하는 데 2,400만 달러 가까운 큰 비용이 들어가므로, 그 계획이 비현실적이라 생각했기 때문이다. 많은 사람들은 그 프로젝트를 '꿈의 철도'라고 부르며 비웃었다.

하지만 휴스턴 전기전력회사는 수많은 난관을 극복하고 이 일을 해냈다. 그러고 나자 협상의 판이 완전히 바뀌었다. 코웃음 치던 BNSF 철도가 휴스턴 전기전력에게 부탁해야 하는 상황이 된 것. '지금껏 함께해온 인연'을 강조하며 휴스턴 전기전력에 매달렸지만, 이미 버스는 떠난 후였다. 휴스턴 전기전력은 BNSF 철도가 제안한 운송비용보다 25%나 할인된 가격으로 유니언 퍼시픽과 계약을 맺었다. 그 결과 첫 해에만 1,000만 달러 정도의 비용을 절감할 수 있었다.

이 사례가 주는 메시지는 단순하다. 배트나는 주어지는 것이 아니다. 만들어내는 것이다. 현재 상황에선 배트나가 없을 수 있지만, 노력 여하에 따라 배트나를 충분히 만들어낼 수 있다. 우리가 컨설팅한 수천억 원 규모의 구매 협상에서도 배트나를 만드는 방법으로 큰 효과를 보았다.

A 회사는 공개입찰 방식으로 건설 프로젝트의 파트너를 정해야 했다. 당시 A 회사는 B 기업과 파트너십을 맺고 싶었다. B 기업과 예전에 함께 일한 적이 있었는데, 품질이 마음에 들고 기술력도 뛰어났기 때문. 하지만 이번 공개입찰에서 B 기업은 A 회사가 줄 수 있는 금액보다 훨씬 많은 금액을 원하고 있었다. 엎친 데 덮친 격으로, B 기업 이외의 다른 업체들은 '입찰 조건이 너무 까다롭다'며 입찰 참여를 꺼리는 상황. 만약 이대로 입찰이 진행돼 B 기업이 우선협상대상자가 된다면, A 회사로서는 B 기업의 요구를 전부 받아줄 수밖에 없었다. A 회사로서는 B 기업 외에 배트나가 없는 상황이 되는 셈.

이때 우리는 이렇게 제안했다.

"입찰 조건을 바꿔서 배트나를 만들어야 합니다."

방법은 이랬다. 당시 A 회사는 품질을 최대한 끌어올리기 위해 기술 조건, 납기 등 입찰 조건을 아주 까다롭게 만들어놓은 상태였다.

중소기업들이 입찰에 참여하고 싶어도 현실적으로 참여가 불가능한 구조였던 것. 스스로 배트나를 없애버린 자충수를 둔 꼴이었다. 그래서 입찰 제안에 대한 기술 점수 평가 체계를 바꾸고, 납기도 연장해 다양한 기업들이 입찰에 참여할 수 있도록 문을 넓혔다. 그뿐 아니라 환율 변동에 따른 리스크 때문에 입찰 참여를 꺼리던 해외 기업들도 끌어들이기 위해 고정환율제를 제시했다.

결과는? B 기업 이외에도 많은 업체들이 공개입찰에 제안서를 내기 시작했다. B 기업의 태도도 달라졌다. 애초 B 기업이 제안하리라 예상했던 것보다 훨씬 낮은 금액으로 입찰 제안을 한 것. 그래서 A 회사는 B 기업이 처음에 원했던 가격보다 10% 가까이 낮은 가격에 협상을 타결할 수 있었다.

당연히 '내 것'이라고 생각되는 상황일 때와 경쟁 상황이 됐을 때, 사람의 행동은 다를 수밖에 없다. 바로 이것이 배트나의 힘이다.

아직도 '나에겐 배트나가 없다'고 불평만 하고 있는가? 세상에 공짜란 없다. 협상에서도 마찬가지다. 배트나가 하늘에서 뚝 떨어지길 기대하지 마라. 그건 욕심이다. 없다면 만들어라! 당신이 배트나를 만들기 위해 투입한 노력보다 훨씬 더 큰 이익을 협상을 통해 얻게 될 것이다.

간단한 예를 하나 더 들어보자. 직원을 채용해야 하는 당신. 요즘처럼 구직난이 심각해 당신 회사에서 일하겠다는 사람이 줄을 선 상황이라면, 채용 협상의 주도권은 당신에게 있다. 하지만 당신이 찾는 조건이 워낙 까다롭다면 얘기가 달라진다. 예컨대 국내에 단 몇 사람만 가지고 있는 자격증 소지자를 원한다면, 애초에 후보자가 많지 않기 때문에 협상의 주도권이 상대에게 넘어갈 수밖에 없다. 바로 '배트나' 때문이다. 이럴 땐 어떻게 협상력을 키울 수 있을까?

내 배트나가 없다면, 상대의 배트나를 없애는 것이 방법이다. 다른 회사는 갖고 있지 않은 우리 회사만의 '한 방'을 갖는 것이다. 그것은 돈일 수도 있고, 직급일 수도 있다. 혹은 눈에 보이지 않는 조직 문화가 될 수도 있다. 다른 사람은 흉내 내기 어려운 차별화 포인트를 만드는 것, 그것이 협상에서 남보다 앞서가기 위한, 당연하지만 가장 강력한 방법이다.

그렇다면 배트나를 어떻게 활용해야 그 효과를 극대화할 수 있을까? 어떤 협상가는 '강력한 배트나일수록 적극적으로 어필하는 게 좋다'는 생각으로, 상대를 앞에 놓고 배트나를 마구 얘기한다. "제가 제시한 조건을 받아들이지 않으면 다른 업체와 거래할 겁니다. 현재 3개 이상의 업체가 저희와 거래하고 싶어 합니다"라는 식이다. 이 협상, 어떻게 될까? 만약 그 시점에 상대에게 별다른 대안이 없다면, 당신의 요구사항을 다 받아들일 수도 있다. 하지만 그 관계가 언제까지 이어질지는 아무도 모른다. 지렁이도 밟으면 꿈틀한다고 하지 않나. 하물며 사람인데, 언젠가 상대에게 당신 말고 더 좋은 대안이 생겼을 때 당신에게 똑같이 되갚을지 모른다. 이런 식으로 배트나를 활용하면 관계가 엉망이 된, 상처뿐인 영광이 될 확률이 높다.

그럼 어떻게 해야 할까? 연애할 때를 한번 생각해보자. 주도권을 잡겠다고 애인에게 "자꾸 내 말 안 들으면, 너랑 헤어지고 다른 사람 만날 거야!"라고 말하면 어떻게 될까? 실제로 당신의 인기가 하늘을 찔러, 당신과 연애하고 싶어 하는 이성이 줄을 서 있다고 해도, 그 말을 듣고서 "당신 가치를 몰라봐서 미안하다"며 "말 잘 듣는 착한 애인이 되겠다"고 매달릴 사람은 거의 없다. 돌이나 맞지 않으면 다행이다.

말하면 돌 맞기 십상인 얘기를 세련되게 전달하는 방법은 뭘까? 바로 친구의 입을 활용하는 것이다. 당신의 애인에게 가서 "요즘 이 친구 소개해달라는 사람들이 너무 많아"라며 은근하게 압박하는 것. 이 과정에서 자연스레 당신의 '몸값'은 높아지고, 연애 주도권을 잡을 확률도 커진다.

이처럼 배트나를 활용할 땐 간접적으로 노출하는 것이 좋다. 제

3자의 입을 통해 알리거나 언론을 활용하는 것이다. 홍콩 정부가 디즈니랜드를 유치할 때 사용한 협상법을 보자. 당시 홍콩 정부는 디즈니랜드가 토지 구매 비용 지원, 세제 혜택, 인프라 건설비 지원 등 과도한 요구를 해서 골머리를 앓고 있었다. 요구사항을 모두 받아들이기는 힘들었던 홍콩 정부. 하지만 협상장에서 무작정 '불가능하다'고 맞서면 협상이 어려워질 수밖에 없는 상황. 이때 홍콩 정부는 이 상황을 언론에 흘리는 방법을 택했다. '아이들의 꿈과 희망을 중시하는 디즈니랜드가 과도한 경제적 이익에 매달리고 있다'는 식의 보도가 나오게 한 것. 이 보도 후 월트디즈니사는 여론의 역풍을 맞았고, 기업 이미지가 중요했던 탓에 협상 조건을 어느 정도 양보할 수밖에 없었다.

이처럼 배트나를 활용한 협상은 상대를 '압박'한다는 측면에서는 분명 효과적이다. 단, 이때 관계를 해치는 '협박'이 되지 않기 위해 '세련된' 활용법을 아는 것이 매우 중요하다.

당신의 배트나는 상대의 것보다 힘이 센가?

상대의 인식을 바꾸기 위해 좋은 배트나를 만들고 이를 적절히 활용하는 것은 매우 중요하다. 그리고 그것만큼 중요한 것이 또 있다. 바로 상대의 배트나를 파악하는 것.

앞장에서 소개한 시어도어 루스벨트 선거운동 본부장의 협상 사례를 다시 한 번 보자. 저작권이 걸려 있는 사진을 무단으로 사용한 '사고'에 대해 사진사와 했던 협상. 선거운동 본부장은 사진사에게 "저작권료로 얼마를 드리면 될까요?"가 아닌, "유명해질 기회를 드리는 대가로 선거 후원금을 얼마나 주실 수 있으신가요?"라고 물어서 상대의 인식을 완전히 바꿔놓았다. 그 덕분에 저작권료를 내기는커녕 오히려 후원금을 받아내는 성과를 냈다. 그가 이런 전략을 사용할 수 있었던 데에도 배트나에 대한 통찰이 있었기 때문이다.

선거운동 본부장의 입장에서 생각해보자. 그가 가진 배트나, 즉 '저작권을 갖고 있는 사진사와의 협상에서 실패했을 때 취할 수 있는 대안'은 무엇이었을까? 하나는 제작된 모든 홍보 팸플릿을 폐기하고 다시 제작하는 것이고, 다른 하나는 무단으로 그 사진을 사용한 후 소송에 휘말리는 정도다. 정말이지 형편없는 배트나를 갖고 있었다. 만약 그가 자신의 형편없는 배트나만 생각했다면 이 협상은 정말 어려웠을 것이다. 하지만 그는 협상에 성공했다. 이유는 '상대의 배트나'에 대해 연구했기 때문이다.

사진사가 갖고 있는 배트나, 즉 사진사가 선거운동 본부장과의 협상에서 실패한다면 그에겐 어떤 일이 벌어질까? 그는 '유명 사진사'가 될 일생일대의 기회를 놓치는 셈이었다. 선거운동 본부장은 자신의 배트나도 나쁘지만, 상대의 배트나 역시 매우 좋지 않다는 것을 간파했다. 그는 바로 이 점을 노렸고, 자신의 배트나는 숨긴 채 상대의 나쁜 배트나를 역이용해 원하는 결과를 만들어낼 수 있었다. 이처럼 상대의 배트나를 파악하면 협상을 풀어갈 새로운 열쇠를 찾을 수도 있다.

상대의 배트나를 파악하는 것이 중요한 또 다른 이유는, 양측이 가진 배트나의 파워에 따라 협상 전략도 달라지기 때문이다. 대우자동차를 매입할 당시 GM이 사용한 협상법[22]에서 배트나와 협상 전략 간의 관계를 알아보자.

대우자동차가 1999년 8월 M&A 시장에 나왔을 때만 해도, 대우차의 몸값은 아주 높았다. GM은 대우차 인수 의사를 공개적으로 발표하며 가장 적극적으로 나섰고, GM뿐 아니라 포드, 현대자동차 등이 컨소시엄을 맺고 인수 의사를 나타냈다. 이에 정부와 채권단은 국제경쟁 입찰에 부쳤고, 그 결과 약 7조 7,000억 원의 인수 가격을 제시한 포드 자동차 하나만을 우선협상대상자로 선정했다.

하지만 2000년 9월, 포드가 갑작스럽게 인수 포기를 선언했다. 정부와 채권단은 당황했다. 현대차에 매각을 하자니 '독과점' 논란이 생길 것을 걱정해야 했고, 노조에서 강하게 요구했던 '독자 생존론'도 이미 힘들다고 판단한 상황이었기 때문. 결국 대우차가 손을 벌릴 곳은 GM밖에 없었다. 한마디로 대우차에는 배트나가 없었던 셈.

이렇게 되자, GM의 협상 스타일이 완전히 바뀌었다. GM은 1999년 대우차가 워크아웃에 들어가자 가장 먼저 대우차 일괄 인수를 제안할 정도로 적극적이었다. 하지만 이제는 '일괄 인수가 아닌 선별 인수도 고려 중'이라거나 '상황을 지켜보자'는 식으로 돌변했다. 우리 정부나 대우차 채권단이 할 수 있는 일은 아무것도 없었다. "GM이 다음 달 초 이사회를 열어 인수 의사를 결정한 뒤 제안서를 낼 것"이라는 말만 매달 되풀이할 뿐이었다. 하지만 이 발표는 계속 어긋났다. GM의 잭 스미스 회장이나 릭 왜거너 CEO 등은 모터쇼 등에서 한국 기자들과 만나면 "여전히 대우차 인수에 관심이 있다"고만 말할 뿐, 그 시기 등에 대해서는 속 시원한 대답을 내놓지 않았던 것.

GM의 지연 전술은 대우차가 2년 10개월 만에 영업 이익을 낸 2001년 4월까지 계속됐다. 대우차의 채권단과 정부의 진을 뺄 만큼 뺀 후에야 본격적인 협상 테이블에 나온 것이다.

이것이 바로 배트나가 협상 전략에 미치는 힘이다. 만약 대우차가

GM 이외에 다른 배트나가 있었다면, GM의 협상법은 어땠을까? 1999년 서둘러 인수 의사를 발표했던 것처럼, 발 빠르게 움직였을 것이다. 하지만 경쟁자가 없는 상황에서 굳이 서두를 사람은 아무도 없다. 이처럼 협상에서 배트나는 협상 전체 전략을 좌우할 만큼 중요한 요소다.

만약 상대에게 배트나가 없다면, 또 앞으로도 배트나를 만들어낼 가능성이 희박하다면, 협상은 길게 끌고 가는 것이 유리하다. 어차피 상대에겐 대안이 없으므로 나의 요구를 들어줄 수밖에 없기 때문이다. 반대로 상대에게 배트나가 있는데 나에게는 없다면? 그럴 땐 나의 나쁜 배트나가 상대에게 노출되기 전에 최대한 빨리 협상을 끝내는 것이 좋다. 나의 형편없는 배트나가 노출되는 순간, 협상의 주도권은 상대에게 넘어간다.

프로 협상가들은 자신의 배트나를 개발하는 것뿐 아니라 상대의 배트나에 대해서도 끊임없이 연구한다. 그리고 나의 배트나와 상대 배트나 중 어떤 것이 더 큰 힘을 갖고 있는지 항상 고민한다. 협상은 일방적인 것이 아니라 나와 상대가 '함께하는' 게임이기 때문이다.

경우의 수는 하나 더 있다. 내가 준비한 회심의 배트나를 상대방이 강한 협상력으로 무력화시킨다면, 나는 어떻게 대응해야 할까?

그럴 때는 다른 이슈로 힘의 균형을 맞춰야 한다. 바로 '시간'이라는 변수다. 누가 더 많은 시간을 갖고 있느냐는 협상에서 매우 중요한 요인이다.

협상에서 시간의 힘을 보여주는 대표적인 예가 프랑스 파리에서 있었던 미국과 베트남 사이의 '월남전 종전 협상'이다. 미국은 프랑스 파리 시내의 특급 호텔을 빌리고는 '일주일 내에 종전 협상을 끝내겠다'고 선언했다. 베트남은 어땠을까? 그들은 교외의 전원주택을 빌려 협상에 임했다. 그러고도 테이블 위치 변경 등을 요구하며 무려 3개월이나 협상을 끌었다. 결과는? 알다시피 베트남의 일방적인 승리로 끝났다. '일주일'이라는 데드라인을 스스로 설정한 미국의 패착이었던 것. '시간'이란 변수가 협상 결과를 좌우한 대표적인 사례다.

만약 상대가 내 배트나를 무력화했다면, 협상을 잠시 중단하는 게 좋다. 배트나 없는 채로 협상하는 것은 절반의 실패를 안고 가는 것과 마찬가지다. 게다가 나에게 배트나가 없다는 것을 상대가 알기 때문에, 협상에서 일방적으로 끌려갈 확률이 매우 높다. 그러니 서둘지 마라. 시간을 벌어놓고 새로운 배트나를 개발하는 것이 최우선이다.

마땅한 배트나가 떠오르지 않는다면? 그럴 때는 상대가 한 행동을 똑같이 함으로써 힘의 균형을 맞춰라. 즉 상대의 배트나를 무력화하는 것이다. 협상을 앞둔 많은 사람들이 나의 배트나에 대해서만 생각한다. 하지만 앞서 언급했던 것처럼, 상대의 배트나를 파악하고 이를 활용하는 것도 매우 중요하다.

2011년 있었던 낙농업계와 우유업계의 협상 상황을 예로 들어보자. 당시 낙농업계가 요구한 1등급 원유 가격 인상에 대해 우유업계가 부정적 반응을 보이자, 낙농업계는 '원유 공급 중단'을 선언하며 협상을 주도했다. 우유업계의 배트나를 없애버린 것이다. 알다시피 원유가 없으면 우유는 아예 생산 불가다. 자, 그렇다면 우유업계는 이런 초강수 배트나 앞에서 어떻게 대응했을까? 그들은 배트나가 없다고 해서 양보하지 않았다. 대신 그들도 낙농업계의 배트나를 없애버렸다. '우유 생산 중단'이라는, 마찬가지의 초강수를 둔 것이다. 우유업계가 우유를 생산하지 않으면 낙동업계 입장에서도 엄청난 타격일 수밖에 없다. 결국 이 협상은 정부의 중재를 통해 해결됐고, 우려했던 우유대란은 일어나지 않았다. 이런 방법을 협상학에선 흔히 '벼랑 끝 전술'이라 한다.

시간을 끌거나 상대의 배트나를 무력화하는 방법은 나의 배트나 부재를 커버해줄 만큼 강력한 힘을 지닌다. 우유업계는 배트나가 없어진 최악의 상황에서 벼랑 끝 전술을 사용한 덕분에, 협상에서 일방적으로 손해 보는 일은 피할 수 있었다. 그러나 이 협상이 잘한 협상이라고 할 수 있을까? 시작은 '1등급 원유 가격 인상'이라는 이슈에서 출발했지만 원유 공급 중단, 우유 생산 중단이라는 초유의 사태까지 전개됐고, 업계를 넘어 국민 전체가 술렁이게 만들었다. 서로 신뢰를 잃고 갈등만 깊어진 꼴.

　벼랑 끝 전술을 섣불리 구사하다가는 '관계'가 깨질 수 있다는 점을 반드시 기억해야 한다. 협상은 사람 사이의 커뮤니케이션이다. 어떤 배트나와도 바꿀 수 없는, '관계'의 힘을 돈독히 하는 것이 무엇보다 중요하다는 점을 명심하자.

　홈쇼핑에서 가장 자주 나오는 문구가 있다.
　"매진 임박!"
　사람들은 이 문구를 보고 서둘러 전화기를 찾는다. 이유는 2가지다. 첫째, '매진될 정도로 많은 사람들이 샀다면, 이 제품은 충분히 괜찮은 거야'라고 생각해서. 둘째, '이 기회를 놓치지 말고 잡아야 해!'라는 경쟁심이 생기기 때문에.

　협상에서의 배트나도 마찬가지다. 내가 좋은 배트나를 갖고 있을 때, 협상 상대도 나에 대해 이 2가지 생각을 한다. 당신의 조건이 좋아 보이고, 이 기회를 놓치지 말고 잡아야겠다는 생각 말이다.

　좋은 배트나를 만들고, 배트나의 힘에 따른 협상 전략을 세우는 것. 그것이 협상 3.0에서 상대의 인식을 바꾸는 협상법이다.

이것만은!

대안 없이 벼랑 끝에 서지 마라

1. '배트나'가 협상력이다
무슨 일이건 '차선책'이 있으면 좋다. 이 덕분에 여유도 생긴다. 하지만 협상에서 차선책, 즉 배트나는 단순히 '있으면 좋은 것'이 아니다. 반드시 있어야 할 '핵심'이다.

2. 배트나가 없다면 만들어라
세상엔 공짜가 없다. 배트나도 마찬가지다. 가만히 앉아서 굴러들어오길 기대해선 안 된다. 배트나가 없다면 무슨 수를 써서라도 만들어라. 배트나를 만드는 데 드는 노력보다 그에 따른 혜택이 훨씬 더 크다.

3. 상대의 배트나에 주목하라
나의 배트나가 아무리 좋아도, 상대가 더 좋은 배트나를 갖고 있다면 협상 주도권은 상대에게 넘어간다. 상대 배트나를 파악해 이를 역이용하라.

논리를 세워야
─
인식이
─
바뀐다
─

6

많은 사람들이 착각한다. 협상은 서로 공정하게 양보하면서 타협점을 찾아가는 것이라고. 그래서 어떤 이들은 '반씩 양보하기' '반씩 나누기'를 가장 효율적인 방법이라고 오해한다. 하지만 이건 협상이 아니다. '흥정'일 뿐이다.
양측 모두 '잘한 협상'이라고 생각하는 결과를 만들어내려면 어떻게 해야 할까? 협상의 가치를 키워줄 논리가 필요하다. 6장에서는 협상 상대의 인식을 만족시키는 논리를 만들기 위해 기억해야 할 3가지 개념을 소개한다.

퇴근길, 과일가게에 들른 당신. 먹음직스럽게 생긴 수박 한 통을 발견했다.

"사장님! 이 수박 얼마예요?"

"1만 4,000원입니다. 정말 달아요!"

"네? 좀 비싼데… 1만 원에 주시면 안 돼요?"

"안 돼요. 그럼 남는 게 없어요."

잠시 생각하던 당신. 그러다 번뜩이는 기지를 발휘해 이렇게 제안한다.

"알겠어요. 그럼 서로 반씩 양보해서 1만 2,000원에 하시죠? 어때요?"

"안 되는데… 그래요. 오늘만 특별히 해드릴게요."

1만 2,000원에 수박 한 통을 산 당신. 처음 요구했던 1만 원에 사지 못한 게 못내 아쉽긴 하지만 기분이 좋다. 가게 주인이 처음 요구했던 1만 4,000원에서 2,000원을 깎았으니까.

어떤가? 이 협상, 잘한 협상인가? 협상이 끝난 후 기분이 좋았다면, 내 입장에서는 잘한 협상이라고 생각할 수도 있다. 하지만 이렇게 생각해보면 어떨까? 시장에서 '4,000원'의 차이를 줄이기 위해 양측이 똑같이 '2,000원'씩 양보한 상황이 아니라, 기업 간의 비즈니스 관계에서 '4억 원'의 차이를 줄이기 위해 '2억 원'씩 양보한 협상이라면? 아직도 이 협상이 '괜찮은 협상'이라고 생각하는가?

절반씩 양보하는 것은, 양쪽 모두 절반씩 손해 보는 것이나 마찬가지다. 손해를 감수하고도 결과에 만족하면 좋겠지만, 누구나 자기가 잃은 것을 아쉬워하기 마련. 서로 양보하고도 기분 좋게 협상을 마무리할 방법은 없을까? '논리'에 그 답이 있다. 논리적으로 협상의 가치를 높임으로써 상대의 인식을 만족시키는 것. 다음 소개할 3가지 원칙에서 그 길을 찾아보자.

사실Fact로 협상하라

어느 날, 중학생 아들이 기말고사 성적표를 내민다. 성적을 보고 충격을 받은 당신. 버럭 소리를 치고 싶지만, 화를 꾹 눌러 참고 말한다.

"아빠가 너만 할 때는, 집안일까지 내가 다 하면서 공부했어. 그리고 학원? 그런 게 어디 있어? 형이 보던 문제집 지우개로 다 지우고 다시 풀면서 공부했어. 그런데 너는 얼마나 편하니? 해달라는 과외 다 해줘, 사달라는 참고서 다 사줘, 도대체 뭐가 문제야? 아빠가 너한테 뭘 더 해줘야 하니?"

아들은 꿀 먹은 벙어리다. 이유가 뭘까? 아들은 당신의 말에서 전혀 현실성을 느끼지 못하기 때문이다. 세상이 달라졌는데, '옛날 얘기'만 하는 당신의 말에 설득되지 않는 건 당연하다.

협상 얘기를 하다 말고 갑자기 '아들과의 대화' 얘기를 꺼내는 이유는, 많은 사람들이 협상을 하면서 이와 비슷한 행동을 하기 때문이다. 많은 협상가들이 내가 팔려는 제품이 얼마나 좋은지, 자신의 의견이 얼마나 합당한지 주장한다. 하지만 상대는 그 주장에 쉽사리 동조하지 않는다. 그래서 어떤 영업사원은 이렇게 하소연하기도 한다.

"우리 제품은 정말 좋은데, 멍청한 사람들이 그 가치를 몰라본다"라고. "네가 지금 얼마나 좋은 환경에서 공부하고 있는데, 그걸 모른다"고 한탄하는 부모의 마음과 똑같다.

하지만 과연 그럴까? 미안한 얘기지만, 그건 '내 생각'일 뿐이다. 누군가를 설득하려면 '내 입장'이 아닌 '근거'를 제시해야 한다. 상대가 받아들일 수밖에 없는 근거. 뭐가 있을까?

정답부터 얘기하면, '사실'만 제시하라는 것이다. 너무 당연한 얘기로 들리는가? 당신은 항상 사실만을 근거로 협상한다고 생각하는가? 그렇다면, 퀴즈를 풀어보자.

판매 가격을 결정하기 위한 협상. 다음의 제안은 '사실'을 근거로 한 것일까?

"우리 회사 제품은 처리 속도가 빠르기 때문에, 가격을 10% 더 받아야 합니다"

답은? "No"다. '빠르다'는 것에 대한 구체적 근거가 없기 때문. 나에겐 빠르지만 상대에겐 그저 그런 스피드일 수도 있다. 주관적 판단이 들어간 개념은 사실이라고 할 수 없다. 이 주장이 사실이 되려면 '경쟁사 제품보다 속도가 얼마나 더 빠른지' '이 제품을 사용하면 구매자의 생산 속도가 지금보다 몇 퍼센트 더 빨라질 수 있는지' 등을 수치상으로 검증할 수 있어야 한다.

하나 더 해보자.

"내부 테스트 결과 불량률이 0.5% 포인트 떨어진 것으로 조사됐습니다. 그러니 충분한 가격 인상 요인이 됩니다."

어떤가? 이것은 구체적인 불량률 '수치'가 들어갔으니 사실일까? 미안하지만 이번에도 아니다. 상대가 믿을 수 있는 자료가 아니기 때문이다. '내부 테스트'는 객관적인 자료로서의 힘이 부족하다. '외부 전문가의 발표 자료'와 같이, 협상 상대가 의심할 여지 없는 것이 객관적인 사실이다.

제대로 된 협상을 하려면 이처럼 판단이 개입되지 않은 객관적 사실이 필요하다. 양측 모두 확인할 수 있고, 이에 대해 인정 혹은 반박할 수 있을 때, 논리적인 협상이 가능하다.

객관적인 사실을 토대로 상대를 설득해 원하는 것을 얻어낸 협상이 있다. 우리나라와 FTA 맺기를 꺼리던 유럽연합EU의 마음을 돌리기 위한 협상장에서 생긴 일이다. 2005년 당시, EU에서는 우리나라와 FTA를 체결하는 것에 관심이 없었다. 화장품 산업, 조선업 등 한국과 EU는 산업군이 겹치는 부분이 많았기 때문이다. 이때 우리나라 협상단은 '괜찮을 테니 해보자'는 식의 막무가내 설득이 아닌, 데이터를 가지고 협상에 임했다.

EU 협상단은 "한국은 시장 규모가 너무 작다"며 한국과의 FTA에 관심이 없다고 말했다. 이 주장에 대해 우리나라 협상단이 제시한 논리는 '국경의 무용론'이었다. 중국과 일본을 양쪽에 끼고 있는 한국과 FTA를 체결한다는 건 동북아시아 전체와 FTA를 맺는 것과 마찬가지 효과가 있다는 점을 어필한 것. 이를 증명하기 위해 한국이 역사적으로 중국이나 일본과 끊임없이 관계를 맺어왔다는 자료, 최근 이 두 나라와 한국 간에 이뤄지는 활발한 교류에 대한 자료를 제시했다.

그러자 EU에서 이렇게 반박했다. "동북아 시장이 매력적이라는 건 인정하지만, 그럴 거라면 중국이나 일본과 먼저 FTA를 맺겠다"고 한 것. 여기서 우리 협상단이 제시한 데이터는 '빠른 FTA 진행'이었다. 대한민국은 FTA 체결에 대한 의지가 높다며, 이미 추진됐거나 현재 추진 중인 FTA가 다른 나라들에 비해 스피디하게 진행되고 있다는 통계 수치를 제시했다. 한국과의 FTA 체결을 통해 빠른 시간 안에 양측 모두 만족할 만한 조건을 찾을 수 있고, 이를 통해 FTA 효과를 극대화할 수 있을 것이라는 점을 설명했다.

하지만 EU는 "동북아도 좋은데, 그보다 아세안ASEAN이나 인도 시장이 더 잠재력이 크다고 본다"고 말하며 여전히 소극적인 자세를 보였다. 이때 우리 협상단은 'EU의 경제력'과 '아세안의 경제력'에 관한 자료를 보여주며 설득했다. 수많은 선진국 연합체인 EU가 개도국 연합인 아세안과 FTA를 맺는 건 힘의 균형이 맞지 않는다는 것을 구체적인 숫자를 활용해 이해시킨 것.

이에 더불어 지금까지 EU는 개발 원조 차원의 FTA만 있었지, 진정한 의미의 상업적 FTA는 이뤄지지 않았다는 걸 발견했다. 그래서 '대한민국과 첫 상업적 FTA를 맺는다'라는 점을 적극 홍보하자고 설득했다. 결국 처음엔 대한민국과의 FTA는 생각지도 않던 EU 집행부의 마음을 돌려, 본격적인 FTA 협상을 진행할 수 있었다.

협상은 주장의 맞고 틀림을 따지는 자리가 아니다. 상대의 인식을 만족시킬 만한 사실을 제시하고, 그것의 옳고 그름을 판단하는 자리가 되어야 한다. 그러한 '사실'을 최대한 많이 제시할 수 있을 때 자연스럽게 협상의 주도권을 쥘 수 있다.

객관적 기준 Standard 부터 정하라

'저 푸른 초원 위에 그림 같은 집을 짓고' 살고 싶다는 꿈을 마음에 품고 있던 당신. 은퇴를 앞두고 전원주택을 사기로 결심했다. 발품을 판 끝에 마음에 드는 집을 발견했다. 그렇게 시작된 집주인과의 협상.

당신은 7억 원 정도면 충분하다고 생각했다. 하지만 상대는 적어도 8억 원 이상은 받아야 한다고 맞선다. 1억 원의 차이가 나는 협상 상황. 어떻게 풀어야 할까?

7억 원과 8억 원, 혹시 '7억 5,000만 원'이라는 생각이 본능처럼 떠올랐는가? 하지만 본능은 잠시 접어두자. 협상은 본능의 싸움이 아니라 '논리'의 경연장이니까. 중간 값으로 정하는 건 협상이 아니라 '흥정'이다. 흥정으로 변질되기 가장 쉬운 협상이 가격협상이다. 흥정이 반드시 나쁘다는 것은 아니지만, 흥정을 하다 보면 서로 조금이라도 더 갖기 위해 싸우는 제로섬게임의 늪에 빠진다.

이를 막기 위해 필요한 것이 바로 '기준'이다. 논리적 협상을 통해 상대의 인식을 만족시키려면, 가격을 제시하기 전에 "어떤 논리로 그 가격이 나왔는지"를 설명해야 한다. 이를 협상학에선 '객관적 기준Standard'이라고 한다.

그렇다면 집값을 결정하는 데 근거가 될 만한 객관적 기준으로 무엇이 있을까? 가장 쉽게 떠오르는 것이 공시지가다. 이는 양측 모두 확인할 수 있는 가장 정확한 데이터다. 또 '최근 매매 가격'을 기준으로 할 수도 있다. 인근의 비슷한 전원주택 중 최근에 매매된 사례가 있다면 이를 기준으로 삼는 것이다. 혹은 현재의 집주인이 집을 샀을 당시의 가격에서 주변지역 부동산 상승률을 따져 현재 가치를 계산해볼 수도 있다. 또는 이 지역 부동산의 평당 평균 매매 가격을 기준으로 삼을 수도 있다.

이렇게 객관적 기준을 가지고 협상을 하면 협상의 흐름이 완전히 달라진다. '1,000만 원만 깎아주시죠'라는 식이 아니라, '어떤 기준으로 그 가격이 나왔습니까?'라고 물을 수 있다. 이를 통해 협상이 흥정에서 논리 게임으로 바뀐다.

흔히 가격 협상에선 객관적 기준으로 크게 3가지를 제시한다. 첫 번째는 공시 가격 Published Price이다. 모두에게 공개된 가격 조건을 말하는 것으로, 부동산 협상에서 '공시지가'와 같은 것이 대표적이다. 두 번째는 시장 가격 Market Price이다. 최근에 거래가 이뤄지고 있는 가격 수준을 기준으로 협상을 진행하는 것. 마지막 세 번째는 전례 Historical Price다. 과거 유사한 거래 경험이 있다면, 그 수준에 맞게 협상 조건을 결정할 수 있다. 어떤 것이 옳고 틀리고는 없다. 한 가지 확실한 것은, 하나의 안건에 대한 협상이라도 수많은 기준이 적용될 수 있다는 사실이다.

이는 조직의 리더가 부서원들과 협상을 할 때에도 유용하게 쓰인다. 영업 목표 수립을 위한 직원과의 협상 상황을 생각해보자. 상사인 당신은 최대한 공격적인 목표를 제시한다. 하지만 실적 달성 여부에 따라 인센티브가 좌우되는 상대 입장에서는 목표 매출을 가능한 한 낮추길 원한다. 이때 협상을 못하는 리더는 "30억은 해줘야지!"라며 협상이 아닌 '협박'을 한다. 그러면 상대는 어쩔 수 없이 목표를 받아들고 나간다. 이 직원, 과연 30억 달성을 위해 얼마나 열심히 일할까? '목표가 너무 과하다'는 생각에 투덜대며 일할 확률이 훨씬 높다.

하지만 기준을 활용하면 달라진다. 예를 들어 공시 가격은 "사장님께서 강조하신 매출 목표를 달성하려면"과 같은 발표된 자료를 활용하는 것이고, 시장 가격을 사용하면 "다른 영업 부서가 평균 10%의 목표 성장률로 합의했으니 자네도 작년보다 10%는 더 해주길 바란다"고 말하는 식이다. 전례를 사용한다면, "자네의 지난 3년간 평균 매출 성장률이 12%였으니까 올해는 15%는 더 해주길 바라네"라고 말하는 것이 될 수 있다. 결론은 똑같은 '목표 30억'이지만, 왜 이 목표가 제시되었는지 합당한 기준을 말하면 상대가 기분 좋게 받아들일 확률은 훨씬 높아진다.

객관적 기준은 기업 간의 협상에서도 중요한 역할을 한다. 2012년 우리나라 유통업계의 지각 변동을 불러일으킬 만한 사건이 있었다. 바로 가전 유통 부분에서 34.9%의 시장점유율을[23] 보이고 있는 거대 유통기업 '하이마트'와, 가전제품에 '렌털'이라는 개념을 도입하며 생활가전 유통 시장을 이끌어온 '웅진코웨이'가 비슷한 시기에 M&A 시장에 나온 것.

이 M&A 협상에서도 다양한 객관적 기준이 제시됐다. 매각 가격을 정할 때 '감가상각 전 영업이익EBITDA'을 기준으로 할 수도 있었고, '업종 평균 주가 수익 비율PER'에 따라 가격을 정할 수도 있었다. '매각 당시의 주가'를 기준으로 매매 가격을 결정할 수도 있었다. 어떤 기준으로 협상하느냐에 따라 몇천억 원이 왔다 갔다 할 정도였다.

기준을 정할 때 기억해야 할 점은, 다양한 기준 가운데 어떤 것이 나에게 가장 유리한지를 파악하는 것이다. 그래서 협상 고수는 내가 제시할 수 있는 기준만 생각하지 않는다. 상대가 어떤 기준을 제시할까에 대해서도 치밀하게 연구한다. 그리고 상대가 제안하는 기준이 이번 협상에서는 적합하지 않다는 논리를 만들어낸다.

하지만 기준만 정한다고 협상이 끝나는 것은 아니다. 기준을 정한 뒤, 가격 협상을 위한 또 하나의 개념을 알아야 한다. 바로 조파ZOPA, Zone of Possible Agreement라는 것. 조파는 협상이 타결될 수 있는 가격의 범위를 말한다. 이는 상대가 제시한 기준이 무엇인지, 상대가 취할 수 있는 대안은 무엇인지에 따라 달라진다.

만약 조파가 만들어진다면, 그 협상은 쉽게 풀린다. 예를 들어 구매자는 "200만 원까지는 낼 수 있다"고 생각하고 있고, 판매자는 "적어도 150만 원은 받았으면 좋겠다"고 생각하는 상황을 떠올려보자. 이 경우엔 180만 원선에서 타결될 확률이 높다. 하지만 대부분의 경우 조파는 잘 만들어지지 않는다. 구매자는 최대한 적은 돈을 지불하려 하고, 판매자는 될 수 있으면 많은 돈을 받으려 하기 때문. 그래서 구매자와 판매자가 원하는 가격 사이에 겹치는 부분이 없으면 조파가 만들어지지 않는다.

그럼, 조파가 없으니 협상을 포기해야 할까? 아니다. 좋은 협상가는 상대의 기준을 움직여 조파를 만든다. 애초에 없는 조파를 만들어내는 방법이 뭘까?

연봉 협상 상황을 생각해보자. '연봉을 500만 원 이상 올려달라'고 요구하는 간 큰 직원이 있다. 아무리 일 잘하는 직원이라도, 회사 방침상 200만 원 이상 연봉 인상은 불가능하다. 당신이 팀장이라면 직원과 어떻게 협상하겠는가?

직접적으로 요구하지는 않았지만 상대가 원할 만한 또 다른 가치를 자극하는 것이 핵심이다. 연봉 이외에 그 직원이 중요하게 생각하는 다른 가치로 무엇이 있을까? 예컨대 그가 아침잠이 많아 평소 출근 시간에 큰 부담을 느끼고 있었다면? '탄력 근무 시간'을 제안한다면, 상대 직원은 무조건 연봉 인상만을 고집하긴 어려울 것이다. 혹은 그가 대학원 진학이나 외부 교육 참석과 같이 배움에 대한 열정이 많다면? 외부 교육에 참여할 기회를 많이 주거나 교육비 등을 지원함으로써 연봉 인상 욕구를 줄일 수도 있다.

이렇게 좋은 협상가는 상대조차 미처 생각지 못했던 또 다른 가치를 자극한다. 이를 통해 나에게 유리한 협상 조건을 만들면서 상대도 동시에 만족하게 한다. 그러니 가격 협상을 앞두고 있다면, 가장 먼저 조파를 정하라. 그리고 상대가 추구하는 또 다른 가치를 찾아 상대의 조파를 움직여라. 이를 통해 나에게 유리한 협상 상황을 만들 수 있다.

가장 강력한 기준은 '상대가 만든' 기준이다

인도의 민족 해방 운동 지도자인 마하트마 간디와 미국의 흑인 해방 운동을 이끌었던 마틴 루터 킹. 이 두 사람에게는 인종차별로 억압받던 사람들에게 자유를 선물했다는 공통점이 있다. 이와 함께 주목해야 할 부분이 또 하나 있다. 두 사람 모두, 강요하지 않고 상대가 '스스로' 움직이도록 만들었던 협상의 대가라는 점이다.

간디는 인도가 영국 치하에 있던 시절, 민족 해방을 위해 단 한 번도 큰소리를 낸 적이 없다고 한다. 대신 그는 인도를 지배하고 있던 영국인들에게 항상 이렇게 물었다.

"당신들은 문명화된 영국인들이고, 정말 그런 것 같습니다. 그런데 당신들은 인종이 다르다는 이유로 무고한 인도 국민들을 죽이고 차별하고 있습니다. 어찌 된 일입니까?"

킹 목사의 접근법도 비슷했다.

"미국 헌법은 모든 사람이 동등하게 대우받기 위해 태어났다고 밝히고 있습니다. 하지만 제가 보고 경험한 현실은 그렇지 않습니다. 그래서 저는 너무 혼란스럽습니다."[24]

이 두 사람이 사용한 협상법, 눈치챘는가? 간디와 킹 목사는 자신의 의견을 주장하지 않았다. 그 대신 상대가 예전에 했던 말이나 행동이 지금의 그것과 다르다는 점을 알려주기만 했다. 상대방이 중요하게 여기는 규칙을 파악하고 이를 파고들어 자신의 협상력을 높인 것. 바로 이것이 '상대가 만든 기준'을 활용한 협상이다.

이러한 접근법이 효과가 있는 이유는, 사람에겐 '일관성'을 지키려는 심리가 있기 때문이다. 자신이 과거에 한 약속을 어기고 싶어 하는 사람은 거의 없다. 그래서 상대가 과거에 했던 말, 약속 등을 근거로 협상에 들어가면, 한 계단 위에서 협상을 이끌어가는 효과를 얻을 수 있다.

와튼스쿨의 스튜어트 다이아몬드 교수는 바로 이런 심리를 활용해 까다로운 협상을 풀어낼 수 있다고 말한다.[25] 그는 우크라이나의 대기업 '유즈마쉬Yuzhmash'의 자금 조달을 위한 협상에 참여했다. 유즈마쉬는 보잉Boeing사와 공동으로 위성 발사용 로켓을 제작하기로 했다. 이를 위해선 투자은행에서 채권을 발행받아야 했다. 당시 협상 상대는 JP 모건이었다. JP 모건의 요구는 간단했다. '정부의 지급 보증을 받아오라는 것.' 여기까진 쉬웠다. 1998년, 우크라이나 정부가 유즈마쉬의 지급 보증 요청을 받아들여 주었다. 하지만 문제는 다른 데 있었다. 우크라이나의 국가신용등급이 JP 모건이 투자할 수 없는 국가 등급이었던 것.

어쩔 수 없이 5년을 기다려야 했고, 2003년 우크라이나의 국가신용등급이 올라 JP 모건으로부터 투자를 받을 수 있게 됐다. JP 모건 등 투자기관 측에서 '5년이라는 시간이 지났으니 우크라이나 정부로부터 다시 한 번 지급 보증 약속을 받아오라'고 했다. 가벼운 마음으로 우크라이나 재무부를 찾아간 다이아몬드 교수.

그런데 여기서 진짜 문제가 터졌다. 당시 재무부 장관이 'JP 모건에 제시한 지급 보증 조건이 우크라이나 정부에 너무 불리하다'며 지급 보증을 해줄 수 없다고 맞선 것이다. '이 프로젝트가 우크라이나 경제 발전에 큰 도움이 될 것'이라며 설득해도 상대는 움직이지 않았다. 유즈마쉬의 5년의 기다림이 자칫 물거품이 될 위기에 처한 상황. 이때 다이아몬드 교수가 사용한 방법이 바로 '상대가 만든 기준'이었다.

재무부 장관 및 담당자들과의 협상 자리에서 다이아몬드 교수는 5년 전 재무부에서 발행한 지급 보증서 사본을 보여줬다. 그리고 그 안에 '취소 불가'라고 쓰인 문구를 가리키며 말했다.

"이 말이 상황에 따라 취소할 수 있다는 뜻인가요?"

그리고 보증서의 마지막 장, 재무부 장관의 직인이 찍혀 있는 부분을 보여주며 물었다.

"해외 기업들에게 우크라이나 정부는 언제든 약속을 파기할 수 있는 국가라는 것을 알려주고 싶으신 건 아니죠?"

결과는? 당연히 정부의 재보증을 받아낼 수 있었고, 사업은 성공적으로 진행됐다.

상대방의 기준으로 까다로운 협상을 이끌어내는 방법에 대해 충분히 이해됐을 것이다. 이 방법을 써서 우리나라의 가장 민감한 외교 현안 중 하나인 '독도 문제'를 해결해볼 수 있을까? 나와 함께 상상이라도 한번 해보자. 우리의 나협상 팀장이 독도 문제로 열을 올리는 아내에게 협상의 묘수를 전해준다.

"일본 사람들은 독도를 왜 자꾸 자기네 땅이라고 우기는 거야? 난 이제부터 일본 제품 안 쓸 거야! 당신도 물건 살 때 꼭 확인해. 일본 건지 아닌지."

아내가 울화통 터트리는 모습을 바라보던 나협상 팀장. 아내에게 질문을 한다.

"여보, 그럼 우리나라가 일본이랑 독도 문제 협상에서 주도권을 잡으려면 뭐가 필요할까?"

"모르지! 그게 중요해? 지금 우리나라 군인이 지키고 있고, 우리나라 고지도에도 독도는 계속 우리나라 땅으로 되어 있었잖아. 그럼 우리 땅이지!"

"글쎄, 그런 논리로 일본 사람들을 설득할 수 있을까? 그건 전적으로 우리나라 사람들 생각이잖아. 생각해봐. 일본 사람들은 그게 원래 자기들 땅이라고 철석같이 믿고 있을 수도 있잖아. 자기들 예전 지도에도 독도 위치에 일본 소유의 섬이 있다고 주장할 수도 있고."

나협상 팀장의 질문에 부인은 '그게 무슨 뚱딴지같은 소리냐'는 표정으로 맞받아친다.

"그래서, 당신은 독도가 일본 땅이 돼도 상관없다는 거야?"

"아니지. 그게 아니라, 우리나라 사람이 독도가 우리 땅이라고 철석같이 믿는 것처럼, 그들 입장에선 그럴 수도 있다는 거지."

"에이, 그건 말도 안 돼! 어떻게 그럴 수 있어? 그거야 자기들 국력이 우리나라보다 세니까, 그거 이용하려고 그러는 거 아냐? 아, 갑자기 슬퍼지네…."

한바탕 쏟아낸 뒤 흥분이 좀 가라앉은 부인에게 나협상 팀장이 말을 한다.

"그러니까 좀 더 치밀한 협상 준비가 필요한 거야."

"협상 준비? 뭘 어떻게 해야 할까?"

"내가 얼마 전에 뉴스에서 본 건데 말야…."

나 팀장의 얘기는 이랬다. 국가기록원이 일제강점기인 1936년, 일본 육군 소속인 육지측량부가 군사적 목적으로 제작한 지도 구역 일람도를 복원했는데, 그 지도에 독도가 우리 영토라고 명시돼 있었다는 것. 결국 일본군 스스로 독도가 우리 땅임을 인정한 바 있다는 뜻이다. 특히 이 지도는 독도의 위치가 북위 37도라고 정확히 표기될 만큼 정밀하게 제작되어 있어, 역사적 고증 자료로의 가치가 아주 크다고 한다.

이 설명을 듣고 나협상 팀장의 아내가 크게 웃으며 말했다.

"거 봐, 자기들도 인정한 걸 이제 와서 뒤집으려고 하다니!"

"그러니까 당신도 괜히 열 내지 말라고. 우리나라 사람들 입장에서 아무리 '독도는 우리 땅'이라고 우겨도, 우리나라 고지도에 원래부터 독도가 표시돼 있었다고 말해도, 그 사람들에겐 들리지 않을 거니까."

세상의 그 어떤 기준보다 상대가 제시한 기준을 활용하는 것만큼 강력한 것은 없다. 하지만 여기엔 주의해야 할 점이 있다. 자칫하다간 상대가 작은 걸로 트집 잡아 '시비'를 건다고 느낄 수도 있기 때문. 그래서 철저한 정보 수집이 중요하다. 상대가 부정할 수 없는 사실에 대해서만 언급해야 한다. 그뿐 아니라 '말하는 방법'에 대한 고민도 필요하다. '당신의 잘못을 지적하기 위한 게 아니다'라는 것을 밝혀야 한다.

수십, 수백 번 합주를 한 오케스트라 단원들은 눈 감고도 서로의 호흡이 잘 맞을 것 같지만, 그럼에도 매 공연 전에 항상 '튜닝'을 한다. 내 악기의 소리가 다른 단원들의 소리와 잘 조화를 이루는지 항상 확인하는 것이다. 협상에서도 튜닝이 필요하다. 나와 내 협상 상대의 '생각을 맞추는 작업'이 필요하다는 뜻이다. 이를 위해 필요한 것이 '사실'이고 '기준'이다. 서로 확인할 수 없는 자료를 '사실'이라고 믿고 있으면 협상은 싸움밖에 안 된다. 생각하는 '기준'을 맞추지 못하면 협상은 흥정이 될 뿐이다.

생각을 튜닝하는 것, 그것이 나와 상대의 인식 모두를 만족시키는 협상의 시작이다.

이 것 만 은 !

협상의 가치를 키워줄 논리를 세워라

1. 사실로 협상하라
내가 믿는 정보라고 해서 상대도 그대로 믿으리라고 착각해선 안 된다. 협상장에서 믿을 수 있는 것은 객관적 사실 뿐이다. 그래서 사실이 중요하다.

2. 객관적 기준을 정하라
모든 협상 과정엔 이유가 필요하다. 그리고 그 이유는 모두가 받아들일 수 있는 것이어야 한다. 남들은 어떻게 하는지, 과거엔 어떻게 했는지 파악하라. 그것이 기준이 된다.

3. 상대가 만든 기준으로 협상하라
사람은 누구나 합리적인 사람이 되길 원하기 때문에, '내가 한 말'은 지키려고 한다. 협상 상대가 했던 말로 협상하라. 당신의 주장보다 훨씬 큰 설득력을 가질 것이다.

말이 아닌
—
욕구에
—
귀 기울여라
—

7

협상 테이블에서는 수많은 안건이 오고 간다. 가격을 1%라도 낮춰서 사고 싶은 구매자와, 1%라도 더 받고 싶은 판매자. 물건을 산 뒤에 AS 기간을 2년 이상 보장받고 싶어 하는 구매자와, 1년만 AS를 제공하고 싶은 판매자 등. 간단한 매매 협상에서도 여러 개의 협상 안건이 등장하며, 매 안건에 서로 상반된 주장을 한다. 그래서 협상은 어렵다. 하지만 한 가지 개념을 알면 협상을 풀어내기 위한 '빛'을 찾을 수 있다. 바로 '요구'와 '욕구'라는 개념이다.

"**조 사장님,** 갑자기 10%나 올려달라고 하시면 저희가 어떻게 합니까? 단가 협상 때도 말씀드렸지만 이번에 단가 인상은 안 된다니까요? 내일 점심시간이요? 네, 좋습니다. 그때 뵙도록 하죠."

모닝커피 한잔하자고 만난 생산관리팀의 서 팀장 얼굴이 아침부터 벌겋게 달아오른다. 제품 생산에 꼭 필요한 부품을 납품하는 업체에서 말썽을 부리는 모양이다.

"자기들이 독점이면 다야? 툭하면 단가를 올려달라니 원…."

"그래? 골치 아프겠네. 배트나가 없어?"

"배트나? 아, 전에 얘기했던 최상의 대안? 자네 얘기를 듣고 찾아봤는데, 이 부품을 만드는 마땅한 업체가 없어. 우리가 자체적으로 생산하기에도 BEP가 안 맞고…."

"그래? 힘들겠네. 그래서 서 팀장은 어떻게 하려고?"

"한 5% 정도로 잘라야지 뭐. 서로 반씩 양보하자고 하는 수밖에 별 수 있겠어?"

"꼭 그 방법밖에 없을까? 그렇게만 생각하지 말고…."

나협상 팀장이 협상의 중요한 원리를 이야기하려는데, 다시 서 팀장의 전화가 울렸다.

"응, 우리 딸? 무슨 일이야? 생일파티? 갑자기 왜 생일파티를 해? 아 그랬구나…. 그 친구는 왜 그랬을까? 우리 딸, 섭섭했겠구나. 그래그래. 이따 저녁때 봐. 응."

이제까지 씩씩대던 모습은 어디 가고 너무도 상냥하게 전화를 받는 서 팀장의 모습에 나 팀장은 웃음이 나왔다.

"서 팀장, 당신 딸이랑 이야기하듯이 협상하면 이번 건도 해결할 수 있겠네!"

뜬금없는 나협상 팀장의 이야기에 서 팀장은 의아한 표정으로 자신의 전화기와 나 팀장의 얼굴을 번갈아 쳐다봤다.

"방금 자네 딸이 뭐라고 그랬어?"

"친구가 생일파티를 하는데 자기를 안 불러서 서운했다고, 자기도 친구들 불러서 파티해달라고…. 근데 그게 이번 단가 협상이랑 무슨 상관이 있다는 거야?"

"그래서 자네는 파티해주기로 했어?"

"에이, 생일도 아닌데 무슨 파티야. 이번 주말에 친구들이랑 같이 맛있는 거 사주겠다고 하고 끝냈지."

"그래, 바로 그런 식으로 협상을 타결시킬 수 있는 거야."

뚱딴지같은 나 팀장의 이야기에 서 팀장은 여전히 도통 모르겠다는 표정이다.

"협상을 할 때 상대가 주장하는 내용만 생각하면 협상 타결은 당연히 힘들어. 상대가 '왜' 그걸 원하는지 파악하고 근원적인 부분을 충족시켜주면, 애초에 요구하던 걸 꼭 들어주지 않아도 협상을 타결할 수 있다는 거지. 자네 딸은 왜 파티를 해달라고 했을까?"

"뭐, 간단하지. 친구 생일파티에 초대받지 못하고 무시당한 자존심을 회복하고 싶었겠지."

"내 생각도 그래. 그럼 조 사장은 왜 갑자기 단가를 10%나 올려달라고 할까?"

조 사장의 무리한 단가 인상 요구 때문에 잔뜩 흥분했던 서 팀장이 나협상 팀장의 이야기에 슬슬 귀를 기울인다.

"요새 납품 물량이 예전보다 줄었어?"

"아니, 엄청나게 늘었지. 알다시피 올해 우리가 생산 공장을 지방으로 확장하고 있잖아. 그 덕에 우리 팀만 아주 정신이 없지."

"그럼 납품 업체에서도 일정 맞추려면 바쁘겠네. 게다가 지방까지

보내려면 시간도 더 걸리고 추가 비용도 들 테고….”

"그렇겠지? 아무래도 수도권에만 들어가는 것보다는….”

"그리고, 조 사장 업체랑 계약 기간은 얼마나 남았어?”

"그거야 매년 갱신하니까, 특별히 기간에 대해 생각해본 적은 없는데? 잠깐만, 근데 지금 자네 뭐하는 거야? 해결책을 얘기해달라니까 왜 자꾸 딴소리만 해!”

나 팀장에게서 '조 사장과의 문제를 풀려면 이렇게 해!'라는 해답이 나오기만 기다린 듯, 성격 급한 서 팀장이 다시 한 번 발끈한다.

"알았어 알았어, 이 친구 급하기는. 지금 내가 뭐 하는 것 같아?”

"뭐하기는. 괜히 우리 팀 사업 진행이나 물어보고, 무슨 꿍꿍이야?”

서 팀장은 계속 '답을 달라!'는 표정으로 멀뚱멀뚱 쳐다보고만 있다. 나 팀장이 말을 이었다.

"자네가 생일파티 해달라고 떼쓰는 딸을 한 번에 설득할 수 있었던 건 그 아이가 원하는 걸 아주 잘 알고 있었기 때문이잖아. 그런데 비즈니스 협상 상대인 조 사장의 상황은 잘 모르지 않아? 그래서 조 사장이 진짜 뭘 원하는지를 찾기가 어려운 거고. 내가 지금 자네한테 하는 질문들은 조 사장의 상황 그리고 조 사장이 진짜 뭘 원하는지 생각해보기 위한 거라네.”

나 팀장의 설명을 듣고 한참을 생각하던 서 팀장이 입을 열었다.

"납품 물량이 늘어난 데다 지방까지 가야 하니까 일정도 빡빡해지고 운송비도 많이 늘었다, 그래서 투입 비용이 높아져서 단가가 올라간다… 하지만 계약 기간이 명확하지 않아 우리와 거래가 언제 끊길지 모른다는 부담 때문에 공격적으로 투자하기는 어렵다, 그래서 납품 단가를 올려받을 수밖에 없다…? 오, 이거 그럴듯한데?"

"이제야 내 의도를 파악했나? 결국 조 사장이 납품 단가를 10% 올려달라고 한 건 당장 생각나는 해결책을 요구한 것일 뿐이고, 그 아래에 진짜 원하는 건 단순한 단가 인상이 아닐 수 있다는 거지."

끄덕이며 듣던 서 팀장이 서둘러 자리에서 일어났다.

"고마워 나 팀장! 일단 조 사장한테 한 번 찾아가야겠어. 조만간 한잔해!"

허겁지겁 달려가는 서 팀장의 뒷모습을 보며 나협상 팀장은 기분 좋은 미소를 지었다.

요구와 욕구는 어떻게 다른가?

협상을 잘하는 법을 물으면, 많은 협상학자들이 공통적으로 강조하는 게 있다. 바로 요구가 아닌 욕구에 집중하라는 것. 무슨 뜻일까?

요구, 즉 포지션Position이란 협상 테이블에 직접 등장하는 내용을 말한다. 구매자가 '단가 1% 인하' 'AS기간 2년 보장'과 같이 직접 드러내는 내용이 '요구'다. 이러한 포지션에만 집착하면 협상을 풀기가 어렵다. 구매자의 요구에 대해 판매자는 '단가 인상' 'AS기간 1년' 등 정반대의 포지션을 갖고 있기 때문이다. 이렇게 상반되는 포지션에만 집착해 협상을 진행하면 서로 자기주장만 반복하다 협상이 결렬되거나, 기껏해야 '반반씩' 양보해 어느 누구도 만족하지 못하는 결과를 만들어낸다.

이런 일이 생기지 않게 할 방법이 바로 포지션이 아닌 욕구, 즉 니즈Needs에 집중하는 것이다. 욕구란 한마디로 말해 '이유'다. 상대가 '왜' 그 포지션을 주장하느냐 하는 것. 욕구, 즉 니즈에 집중해 협상을 진행시키면 상대가 요구하는 포지션을 받아들이지 않아도 협상을 만족스럽게 타결시킬 수 있다.

우리 역사에서 포지션이 아닌 니즈에 집중해 협상을 타결한 대표적인 사례가 있다. 바로 대한민국 '원조' 외교관이라 할 수 있는 서희 장군의 협상[26]이 그것이다.

때는 서기 993년, 고려 조정이 발칵 뒤집혔다. 거란이 소손녕 장군을 앞세워 80만 군사 대군을 이끌고 고려를 침입한 것이다. 거란의 요구는 간단했다. '고려의 군신들은 거란의 군영 앞에 나와 항복하라'는 것. 이때 고려 조정의 군신들은 두 파로 나뉘었다. 순순히 항복하자는 '투항론'과, 항복과 함께 평양 이북의 땅을 거란에게 넘겨줘서 안심을 시키자는 '할지론'이었다. 거란의 80만 대군을 상대할 방법이 없다고 판단했기 때문. 이때 고려의 왕 성종이 물었다.

"거란의 적병을 물리치고 만세에 남을 공을 세울 자는 없는가?"

이때 서희가 나섰다. 그리고 소손녕과 역사에 길이 남을 7일간의 강화 협정이 시작됐다.

처음 만난 자리, 소손녕의 주장은 이랬다.

"당신 나라인 고려는 옛 신라의 땅에서 일어났고, 우리 거란은 고구려의 옛 땅에서 시작됐다. 그런데 지금 옛 고구려 영토를 당신들이 침식하고 있다. 이에 우리는 우리의 옛 영토를 찾으러 온 것이다."

이 주장에 대해 서희는 이렇게 호통 치며 맞섰다.

"그렇지 않다. 고구려의 후예는 당신들이 아닌 우리 고려다. 국호에서도 고구려의 후예임이 드러나지 않느냐. 그뿐 아니라 고구려의 기풍을 잇기 위해 수도도 신라의 도읍지인 경주가 아니라 평양에 두고 있는 것이다. 우리가 진짜 고구려의 후예이고, 오히려 우리 선조의 땅을 당신들이 침략하고 있다."

이 말에 소손녕이 설득당해 군사를 철수하고, 강동 6주를 돌려줬다.

자, 여기까지가 국사 교과서에 나와 있는 얘기다. 어떤가? 그럴듯하게 들리는가? 글쎄, 소손녕이 장군이 아니라 역사 고증에 목숨 거는 학자라면 그랬을 수도 있겠다. 하지만 전쟁을 치르러 온 장수가 상대의 말 한마디, 그것도 제대로 확인되지 않는 역사적 사실 때문에 물러난다는 건 상식적으로 받아들이기 어렵다. 이제부터 '진짜' 협상 상황으로 들어가 보자.

소손녕과 만난 서희는 거란이 '왜' 고려를 침입했을까를 생각했다. 그리고 당시 한반도를 둘러싼 정세를 분석한 결과 머릿속에 스치는 생각이 있었다. 당시 거란은 송을 물리치고 비옥한 중국 본토를 손아귀에 넣을 방법이 없을까 고민하고 있었다. 이를 위해서는 송과의 전쟁도 불사할 각오가 돼 있었다. 하지만 여기에 한 가지 걸리는 게 있었다. 자신들이 송나라를 공격할 때 송과 친한 고려가 거란의 '뒤통수'를 치진 않을까 걱정했던 것. 당시 고려는 송나라와 친교를 맺고 조공을 하고 있었기 때문. 결국 거란이 진짜 원하는 것은 '송나라를 공격할 때 고려가 거란의 뒤통수를 치지 못하도록 하는 것'이었다. 더 나아가 고려가 거란의 편이 된다면 더할 나위 없이 좋을 것이었다. 결국 고려에게 '본때'를 보여주기 위해 고려를 침략한 것이다. 이런 결론을 내린 서희는 소손녕에게 이렇게 말했다.

"우리 고려는 거란과 국교를 맺고 싶다. 하지만 거란과 국교를 맺으려면 여진족이 버티고 있는 강동 6주의 땅을 지나가야만 한다. 하지만 이게 너무 힘들다. 이 때문에 어쩔 수 없이 바다 건너 송과 국교를 맺고 있는 것이다. 만약 우리가 함께 여진족을 몰아내고 강동 6주를 고려 땅으로 편입시킨다면, 당장 거란과 국교를 맺을 것이다."

한마디로, 거란과 교류할 수 있는 '직항로'를 만들겠다는 의미. 어떤가? 만약 당신이 거란의 장수 소손녕이라면 서희의 제안을 거절할 수 있을까? 바로 이것이 포지션이 아닌 니즈에 집중한 협상이다. 거란의 포지션, 즉 '항복하라'는 것만 생각했다면 강동 6주를 얻기는커녕 거란의 속국이 되었을지도 모른다. 하지만 거란의 니즈, 즉 '거란이 송나라를 공격할 때 고려가 송의 편에 서지 않는다'는 것을 만족시켜 강동 6주를 얻어내는 최고의 결과를 만들 수 있었.

그렇다면 이제 중요한 것은, 어떻게 상대의 니즈를 파악하느냐다. 상대의 니즈를 파악하기 위해 가장 많이 사용되는 3가지 방법을 소개한다.

상대가 원하는 걸 당신은 모른다, 질문하라!

협상을 잘하기 위해 가장 중요한 게 무엇일까? 다양한 협상 경험?

상대의 주장에 휘둘리지 않는 강심장? 아니면 상대의 마음을 바꿀 수 있는 화려한 화술?

그럴 수도 있다. 하지만 미국 협상 전문가들의 답[27]은 달랐다. 그들이 하나같이 가장 중요하게 꼽은 것은 '철저한 준비'였다.

여기서 두 번째 질문. 그럼 무엇을 준비해야 할까? 내가 이번 협상에서 무엇을 얻어낼지 정하는 것? 양보의 마지노선? 협상 진행 순서? 그렇다. 이 모든 것이 필요하다. 하지만 여기서도 가장 중요한 것이 빠졌다. 바로 '상대가 무엇을 중요하게 생각하느냐' 하는 것.

협상은 나 혼자 계산해 정답을 맞히는 퀴즈쇼가 아니다. 파트너와 호흡을 맞춰 멋진 작품을 만들어내는 스포츠댄스처럼, 협상 상대와 끊임없이 커뮤니케이션함으로써 양측 모두 만족하는 해결책을 찾아내는 과정이 바로 협상이다. 그래서 내가 아닌 '상대'의 욕구를 파악하는 게 중요하다. 이를 위해 가장 빠르고 정확한 방법이 질문이다.

여기까지 얘기하면 사람들은 생각한다. '난 충분히 질문하고 있다'고. 그럴 수 있다. 하지만 질문의 개수는 중요하지 않다. '어떤' 질문을 하느냐가 중요하다.

원재료의 납품 조건을 정하는 협상 상황을 생각해보자. 상대가 이렇게 요구한다.

"납기일은 월말로 지켜주세요. 가능하시죠?"

월말까지의 납기는 힘든 상황. 자, 당신이 이런 요구를 받았다면 어떤 질문을 던질 것인가? 혹시 "납기일을 꼭 월말로 해야 하나요?" 같은 질문이 생각났는가? 이런 질문을 커뮤니케이션학에서는 '닫힌 질문'이라고 한다. 상대가 "Yes or No"의 대답만 하게 하는 질문이란 뜻이다. "가격을 좀 낮춰주시면 안 돼요?" "AS는 3년까지 가능하시죠?"와 같은 질문들이 바로 닫힌 질문이다.

질문을 통해 상대의 욕구를 파악하려면 '열린 질문'을 해야 한다. 앞의 상황에서 열린 질문을 이렇게 할 수 있다.

"납기일을 월말로 하지 않으면 어떤 점이 곤란하신가요?"

이런 질문을 통해 "납기일이 늦어지면 완성품 생산 일정에 차질이 생긴다"거나, "원재료 공급이 늦어지면 기계 운영을 멈출 수밖에 없어 비용 부담이 커진다"는 등의 진짜 이유를 파악할 수 있다. 그리고 이를 통해 원재료 납품이 늦어져도 문제를 해결할 수 있는 '또 다른 방법'을 찾을 수 있게 된다. 예를 들면 "기계가 지속적으로 돌아갈 수 있도록 최소 물량은 꾸준히 공급한다"는 식의 해결책이 가능하다. 이처럼 좋은 열린 질문 하나로 협상의 물꼬를 바꿀 수 있다.

혹시 짧은 시간 안에 내가 원하는 것을 얻어내야 하는데 상대의 생각을 묻는 것이 시간낭비라고 생각하는가? 짧은 시간을 투자해 상대에 관한 정보를 얻어낼 수 있는 최고의 투자가 바로 질문하기다.

괜히 질문했다가 협상의 주도권이 상대에게 넘어갈까 봐 걱정되는가? 상대는 당신의 질문에 답하면서 자신이 협상 주도권을 갖고 있다고 느끼게 될 것이다. 하지만 그 속에 숨겨진 진실은, 협상의 진짜 주도권은 상대로부터 정보를 얻고 있는 당신이 쥐고 있다는 사실이다. 기억하라. 열린 질문이 핵심이다.

내가 아는 걸 상대는 모른다, 관점을 바꿔라!

한 가지 실험 얘기를 하려고 한다.

두 소녀가 있다. 한 아이는 샐리이고, 다른 아이는 앤이다. 두 아이가 유모차와 인형을 가지고 놀고 있다. 그러다 샐리가 유모차에 인형을 넣어놓고 방을 나간다. 혼자 있던 앤이 잠시 후 유모차에서 인형을 꺼내 옆에 있던 나무상자로 옮겨놓고는 방을 나간다. 잠시 후 샐리가 다시 방으로 들어온다. 샐리는 인형을 찾기 위해 가장 먼저 어디를 찾을까?

답은 당연히 유모차다. 하지만 이 질문을 만 4세 이하의 아이에게 하면 많은 아이들이 '나무상자'라고 답한다. 인형이 나무상자로 옮겨졌다는 사실을 자신이 알고 있기 때문에, 샐리도 당연히 그것을 알

거라고 생각하기 때문. 학자들은 이를 '마음 이론Theory of Mind'28으로 설명한다. 다른 사람의 마음과 입장을 헤아리는 능력은 만 4세가 지나면서부터 서서히 만들어진다. 그리고 마음 이론의 핵심에 관점 전환Perspective Taking 능력이 있다. 내가 보는 세상 말고도 다른 시각이 있을 수 있음을 아는 것이 바로 관점 전환이다.

협상 얘기를 하다 말고 갑자기 웬 심리 실험 얘기냐고 할지도 모르겠다. 많은 사람들이 협상하다 보면 마음 이론이 아직 갖춰지지 않은 네 살 어린아이처럼 행동하기 때문이다. 무슨 뜻일까? 예를 들어 보자.

공장 설비를 납품하고 싶은 당신. 어렵게 거래처 사람과 미팅을 잡았다. 주어진 시간은 단 10분, 당신은 짧은 시간 안에 거래처 담당자의 마음을 얻기 위해 다음 3가지 근거를 준비했다.

1. 이 설비는 현재 시장에서 유통되는 것들에 비해 생산성이 15% 이상 높다.
2. 불필요한 장치를 없애고 부품의 크기를 줄여서 설비 크기를 최소화했다.
3. 설비 운영 중 생기는 문제에 대해 24시간 AS가 가능하다.

자, 여기서 질문. 이 협상가가 준비한 자료에 학점을 매긴다면, 어떤 점수를 줄 수 있을까? 만약 이 협상가가 만난 사람이 공장장이라면 A+를 받을 수 있다. 공장장에겐 높은 생산성, 설비의 크기, 신속한 AS 등이 중요한 고려 요소이기 때문이다.

하지만 만약 이 협상가가 만난 사람이 구매 담당자라면 어떨까? 그렇다면 이 협상 준비는 F 학점이다. 이유는? 구매 담당자에겐 생산성이나 설비의 크기보다 더 중요한 것이 있기 때문이다. 바로 가격 조건이다. 그래서 구매 담당자의 마음을 움직이려면 이 설비가 다른 것들보다 얼마나 더 저렴한지를 어필해야 한다. 그의 욕구, 즉 니즈는 품질보다는 가격에 있다는 뜻이다. 결국 그의 니즈와 전혀 상관없는 얘기만 한 셈이다. 그래서 이런 경우는 F 학점을 줄 수밖에 없다.

그런데 안타깝게도 많은 협상가들이 F 학점짜리 협상을 하는 한탄한다. '이게 얼마나 좋은 건데, 그 가치를 모른다'고. 관점 전환 능력이 부족해서 이런 일이 생긴다. 사람들은 내가 아는 것을 상대도 알 거라고 짐작한다. 내가 생각하는 장점을 상대도 가치 있게 여길 거라고 믿는다. 미안한 얘기지만 이건 혼자만의 착각일 뿐이다. 나에겐 당연한 것이 상대에겐 당연하지 않을 수 있고, 나에겐 최고의 가치를 주는 것이 상대에겐 귀찮은 고민거리뿐일 수도 있다.

협상 고수들은 항상 상대의 입장에서 생각한다. 그 사람이 중시하는 것은 무엇인지, 그의 마음을 움직일 수 있는 건 뭔지, 상대 관점에서 문제를 바라보는 것. 그것이 욕구 파악의 핵심이다.

열쇠는 다른 곳에 있다, 히든메이커를 찾아라!

미국인들이 가장 좋아하는 스포츠 NFL(미국 프로 풋볼 리그). NFL 경기 장소를 가만히 살펴보면 흥미로운 사실이 발견된다. 바로 NFL의 올스타전인 프로볼 경기가 열리는 지역이 하와이라는 사실이다. 1980년 이후 하와이 이외의 지역에서 프로볼 경기가 열린 것은 2010년 플로리다 딱 한 번뿐이다. 넓은 미국 본토를 두고 굳이 먼 하와이에서 올스타전을 여는 이유가 뭘까?

NFL은 몇 년째 프로볼 경기에 슈퍼스타들을 불러 모으지 못하고 있었다. 상금이나 출전비를 올려 봤지만, 선수들은 움직이지 않았다. 이유는 간단했다. 100억 이상의 천문학적 금액을 연봉으로 받는 선수들에게 '고작' 몇만 달러의 상금은 전혀 당근이 될 수 없었기 때문.

선수들이 출전을 꺼리는 이유는 또 있었다. MLB(메이저리그)나 NBA(미국 프로 농구) 등 다른 스포츠 리그의 올스타전이 시즌 중간에 열리는 것과 달리, NFL의 올스타전인 프로볼은 정규 시즌이 끝난 뒤에 열린다. 그래서 많은 선수들, 특히 슈퍼스타들이 경기 참여를 꺼렸다. 시즌이 끝나 피로가 누적된 상태에서 성적과 아무 관련도 없는 경기에 나섰다가 부상을 당하면 손실이 너무 크기 때문.

고민이 깊어진 NLF의 프로볼 주최 측이 아이디어를 냈다. 프로볼 경기 장소를 하와이로 옮기고 하와이행 왕복 항공권과 최고급 호텔 숙박권을 제공하기로 한 것. 그러자 상황이 달라졌다. 스타 선수들이 하나둘 프로볼 참석 의사를 나타냈다.[29] 어떤 이유에서일까?

사실 억대 연봉을 받는 슈퍼스타들에게 하와이행 항공권이나 호텔 숙박권에 들어가는 돈의 액수는 아무 것도 아니었다. 하지만 이들에겐 가족 혹은 애인과 함께할 수 있는 시간이 항상 부족했다. NFL의 프로볼 주최 측이 노린 게 바로 이것이었다. '합법적인 휴가 기간'을 줘서 선수들이 평소 잘 챙겨주지 못했던 사람들과 행복한 시간을 보내도록 만들어준 것.

바로 이것이 히든메이커Hidden Maker를 활용해 상대의 욕구를 자극한 협상이다. 히든메이커란 나의 협상 상대에게 영향력을 미치는 '주변 사람'이다. 앞의 협상에서는 스타 선수들의 가족이 히든메이커였던 셈이다. 그래서 협상 고수들은 내 협상 파트너의 주변 사람이 누구인지 파악하기 위해 많은 노력을 한다. 히든메이커의 말을 따르는 것이 하나의 중요한 욕구이기 때문이다.

히든메이커는 실제 협상에서 아주 유용하게 활용된다. 그 힘을 확인할 수 있는 가장 좋은 상황이 바로 노사협상이다.

이런 상황을 생각해보자. 경영층은 올해 경영 실적이나 내년 경제 전망 등을 볼 때 내년 평균 임금인상률은 5%가 최대치라고 생각했다. 협상의 원리를 모르는 CEO는 노조위원장과 노조원들이 모두 모인 자리에서 "내년 임금인상률은 5%가 최대한입니다"라고 발표한다. 그리고 노조위원장과의 협상 자리에서 다시 한 번 강조한다. "아까 말한 것처럼, 내년 임금인상률은 5%가 최대한입니다!"

하지만 협상의 원리를 아는 CEO는 모두가 모인 자리에서 "아시다시피 내년 경기가 더 어려워질 것으로 예측돼, 내년 임금인상률은 3%가 최대한입니다"라고 말한다. 그리고 노조위원장과 만난 자리에서 이렇게 말한다.

"3%가 최대한이라고 얘기했는데, 노조위원장을 봐서 제가 좀 양보하겠습니다. 임금인상률은 5%가 최대한입니다."

이렇게 말하는 이유는? 바로 노조위원장의 히든메이커를 고려했기 때문이다. 무슨 뜻일까? 노조위원장에게 가장 큰 영향을 미치는 사람이 누구인가. 바로 노조원들이다. 노조위원장으로서는 '연임'이라는 자신의 욕구, 즉 니즈를 달성하려면 노조원들의 지속적인 지지를 받는 게 아주 중요하다. 그럼 노조원들이 노조위원장에게 바라는 건 뭘까? 간단하다. 회사와 협상을 잘해서 노조 측에 최대한 많은 것을 얻어내는 것이다. 결국 회사 입장에서 노조위원장과의 협상을 잘 풀어내기 위해서는 노조원들이 노조위원장에 대해 긍정적 인상을 갖도록 하는 게 매우 중요해진다. 그리고 그 방법이 앞에서 본, 협상을 아는 후자의 CEO가 사용한 방법이다.

공개적인 자리에서는 '3% 인상이 최대한이다'라고 말하고, 실제 협상에서 '5% 인상'이라는, 처음 생각했던 안을 받아들이도록 하는 것. 그러면 노조원 입장에서는 '우리 노조위원장이 협상을 잘해서 5%까지 올려줬구나'라고 생각하게 된다. 노조위원장 역시 노조원들이 만족하는데 굳이 회사 측 제안을 거부할 필요가 없게 된다. 바로 이것이 히든메이커를 활용한 협상의 힘이다.

협상 상대가 특별한 이유도 없이 "No"만 반복하면 협상은 지속될 수 없다. 그래서 협상 고수들은 협상 상대방만을 바라보고 설득하지 않는다. 그 사람을 직접 설득함과 동시에, 그 사람을 움직일 수 있는 다른 사람으로 누가 있는지를 찾는다. 그래서 상대에게 영향력을 미칠 수 있는 사람을 내 편으로 세워 협상을 풀어간다.

동물원에 갇힌 맹수 한 마리. 뭐가 불만인지 지나가는 사람을 볼 때마다 으르렁거린다. 그 맹수를 진정시키고, 당신을 지켜줄 보디가드로 만들고 싶다면? 맹수와 싸워 힘으로 이길 생각을 하는 사람은 바보다. 맹수를 통제할 수 있는 누군가를 찾아야 한다. 누굴까? 바로 조련사다. 아무리 성질 나쁜 맹수라도 자신에게 먹을 것을 주는 조련사 앞에서는 순한 양이 된다.

기억하라. 아무리 이상한 협상 파트너라도 그를 움직일 수 있는 사람이 한 명은 있게 마련이다. 그를 찾아 당신 편으로 만든다면, 협상 결과도 당신의 것으로 만들 수 있다. 맹수와 '싸울' 것인가, '조련사'를 활용해 맹수가 가진 능력까지 취할 것인가? 선택은 쉽다. 내 앞에 있는 협상 상대에게 영향을 미칠 수 있는 사람을 활용해 관계에 대한 욕구를 자극하는 것. 이것이 바로 프로 협상가들이 하는, 히든 메이커를 활용한 협상이다.

거래처와 연이은 미팅을 마치고 퇴근한 남편에게 아내가 말을 건다.
"여보, 요즘 애들이 너무 말을 안 들어. 그리고 갑자기 추워져서 그런지 요새 머리가 너무 아파."

이제 좀 쉬나보다 하고 소파에 몸을 누이려던 남편. 아내의 하소연을 듣고 '나도 힘들어 죽겠어'라는 말이 목구멍까지 차올랐다. 하지만 꾹 참고, 나름 생각해준답시고 이렇게 말했다.

"그래? 내일 병원 가봐."

아내는 '남편이 나를 참 걱정해주는구나' 하고 고마워했을까? 천만의 말씀. 아내의 얼굴에서 고마운 기색이라곤 눈 씻고 봐도 찾을 수 없다. 그 대신 폭풍 같은 잔소리가 쏟아진다.

"옷 갈아입고 얼른 씻기나 해. 그리고 내가 양말 뒤집어서 내놓지 말라고 했지? 가방 좀 아무렇게나 던져놓지 말고!"

대부분의 남편들은 이 반응에 어리둥절해하거나 화를 낸다. 기껏 신경 써줬는데 잔소리나 한다고. 그러나 이제 당신은 아내가 왜 그러는지 이유를 안다. 아내에게 '머리가 아프다'는 건 포지션일 뿐이다. 진짜 원하는 것, 즉 니즈는 하루 종일 아이들에게 시달리며 집안일하느라 너무 힘들었다는 사실을 남편이 알아주길 바랐던 것. 결국 "그래? 오늘 힘들었어?"라는 따뜻한 말 한마디면 해결될 일이었다. 기억하라. 행복한 가정을 꾸리기 위해서도, 포지션이 아닌 니즈에 집중해야 한다.

이 것 만 은 !

말이 아닌 욕구에 귀 기울여라

1. 질문으로 상대의 욕구를 파악하라

"왜" "어떻게"를 물어라. 열린 질문을 통해 당신은 몰랐던 협상 상대의 고민을 알 수 있다.

2. 내 관점이 아닌, 상대의 관점에서 생각하라

세상에 만병통치약은 없다. 협상도 마찬가지다. 상대가 처한 입장에 따라 중요시하는 게 다르다. 내 입장이 아닌 상대 입장에서 생각하라.

3. 숨어 있는 힘을 찾아라

충분히 길고 튼튼한 지렛대만 있으면 지구도 움직일 수 있다고 했다. 협상 상대도 마찬가지다. 내 앞에 있는 상대만 보지 말고, 그를 움직일 수 있는 수많은 지렛대를 찾아라.

모두가 만족하는 ― 대안은 ― 밖에 있다

8

협상을 잘하기 위해서는 상대의 요구, 즉 포지션이 아니라 니즈를 찾아야 한다. 그럼 니즈만 찾으면 될까? 아니다. 한 방이 더 필요하다. 그건 바로 '협상의 꽃'이라고 불리는 창조적 대안, 즉 크리에이티브 옵션Creative Option이다. 이번 장에서는 창조적 대안이 무엇인지 그리고 창조적 대안을 만들기 위해 어떤 방법이 필요한지 찾아본다.

"비어 있는 자리 좀 쓰겠다는데 뭘 그렇게 깐깐하게 굴어?"

"그게 아니지. 문화센터 입구를 딱 막고 서 있으면, 회원들이 기분 좋을 턱이 없잖아."

대형 출판사에 근무하는 송 차장과 백화점 문화센터를 맡고 있는 박 부장. 두 사람은 둘도 없는 친구 사이다. 그런데 무슨 일인지 갑자기 다투고 있다. 느지막이 약속 장소에 도착한 나협상 팀장은 지금껏 보지 못했던 어색한 다툼에 멀뚱히 앉아 있다가 조심스럽게 둘의 대화에 끼어들었다.

"뭐가 문젠데? 갑자기 둘이 싸우니까 영 어색하잖아…."

"어? 너 언제 왔어?"

나협상 팀장이 자리에 온 줄도 몰랐던 듯, 송 차장이 나 팀장의 빈 술잔을 채워주며 이야기를 시작했다.

"한번 들어봐. 우리 출판사가 얼마 전에 '어린이 문학 전집'을 새로 냈어. 그래서 방문 판매를 해야 되거든. 그 1차 타깃을 백화점 문화센터 회원들로 잡고, DB 확보하려고 로비에 홍보 가판대 좀 놓자는데 그걸 그렇게 안 된다고 그러잖아."

"그건 네 생각만 하는 거고."

백화점 문화센터 운영을 책임지는 박 부장이 말을 막고 대꾸했다.

"문화센터 입장도 생각해줘야지. 회원들은 문화센터에 배우러 오는 분들이지 책 사러 오는 분들이 아니잖아! 요새 회원 수도 줄어서 심란한데, 그 앞에서 뭘 팔겠다는 건 너무 이기적인 거 아냐?"

"이기적인 게 아니라, 좀 도와달라는 거잖아!"

두 사람의 감정이 격해지려 하자, 나협상 팀장이 서둘러 건배를 제안한다.

"자, 잠깐만 진정하고. 그래서 지금 '백화점 문화센터 입구에 어린이 문학 전집 판매대를 놓겠다' '그럴 수 없다' 이 문제구나?"

"그렇지. 문화센터 로비를 비어 있는 자리라고 계속 그러는데, 거긴 비어 있는 게 아니야. 회원들 쉬는 곳이지."

"쉬긴, 뭘 하면서 쉬어? 거기 볼 책이 있길 해, 소파가 있길 해? 달랑 자판기 하나 있던데."

"어쨌든 거길 너희 책 판촉장으로 쓸 순 없어! 요새 회원 수가 줄어서 다음번 문화센터 프로그램 안내도 공격적으로 할 거란 말야."

둘의 얘기를 가만 듣고 있던 나협상 팀장이 이대로는 안 되겠다 싶어 중재에 나선다.

"잠깐만! 싸우지 말고 답을 찾아보자고. 송 차장, 너는 굳이 판매대를 놓지 않아도 고객 DB만 충분히 확보되면 좋은 거지?"

"그렇지, 우린 판매를 하기 위한 고객 리스트가 중요하니까."

"그리고 박 부장, 너는 문화센터 회원들이 좋아하기만 하면 어떤 판매대가 들어오든 상관없는 거지?"

"응? 뭐 그렇지. 회원들이 좋아하고 그 덕분에 등록도 많아지면… 나야 좋지."

"그럼 지금 너희 둘이 '판매대를 놓겠다, 놓을 수 없다'로 싸울 필요가 없는 거 아냐? 판매대가 중요한 게 아닌 것 같은데."

나협상 팀장의 얘기에 반박할 논리를 못 찾은 둘은 괜히 헛기침만 하며 술잔을 비운다. 잠시 후, 송 차장이 질문을 한다.

"좋아. 판매대는 문제가 아니라고 치자. 그럼, 뭘 어쩌라고?"

"뭘 어떻게 해. 답을 만들어야지. 고객 DB를 확보하면서도 문화센터 회원들이 좋아할 만한 답을!"

나협상 팀장의 얘기에 둘은 '무슨 말이냐'는 표정이다. 싸움을 멈추고 이야기를 듣는 두 친구에게 나 팀장이 친절히 설명을 해준다.

모두가 만족하는 대안은 밖에 있다

"너는 어제 회식 때 술을 많이 마셔서 오늘 점심때 설렁탕이 먹고 싶어. 그런데 너와 점심 약속을 한 다른 친구는 어제도 설렁탕을 먹었다면서 생선구이를 먹자고 해. 이럴 때 어떻게 할 거야?"

"뭘 어떻게 해, 그냥 설렁탕집으로 가버리면 되지."

"야, 머리 아프게 하지 말고, 빨리 우리 문제나 풀어줘!"

"급하긴. 좋아, 술 마신 다음 날 왜 설렁탕이 먹고 싶을까?"

"그야 당연히, 술 먹었으면 뜨끈한 국물로 속을 풀어줘야 하니까 그렇지."

"맞아. 설렁탕이 먹고 싶은 사람은 '해장'이 중요한 거야. 그럼 꼭 설렁탕이 아니어도 되는 거잖아? 뜨끈한 국물이 먹고 싶은 거라면, 생선구이 집에 가서 생태찌개를 먹을 수도 있는 거니까 말야."

"뭐, 말은 되네."

"이런 식으로 너희가 진짜 원하는 걸 얻을 수 있는 새로운 방법을 찾아보자는 거지."

나협상 팀장의 말에 성 차장과 박 부장은 열심히 아이디어를 만들어보는 듯하다. 그러더니 잠시 후 성 차장이 먼저 얘기를 꺼낸다.

"박 부장, 그럼 우리가 백화점 고객들이 좋아할 만한 판매대를 만들면 어때? 너희 백화점 문화센터 로비를 우리 출판사 책을 활용한 어린이 도서관으로 만드는 거지. 우린 자연스럽게 DB를 얻을 수 있고, 너희 백화점은 쇼핑할 때 아이들 맡기는 게 문제인 엄마들 고민도 해결해주고. 어때?"

"자, 문화센터를 책임지는 박 부장! 어때, 이 제안?"

"어린이 도서관? 뭐, 그럼 우리야 고맙지. 안 그래도 고객들이 아이들 문제로 고민 많이 하고 있는데…."

"그럼 이렇게 하면 타결되는 건가? '고객 DB 확보를 위한 판매대를 놓는다, 단 어린이 도서관으로 구성해 백화점 고객들의 휴식 공간으로 만든다' 이렇게?"

성 차장의 아이디어에 나협상 팀장은 물론 박 부장도 아주 흡족한 표정이다. 머리 아픈 문제를 해결한 성 차장이 큰 소리로 외친다.

"오케이! 그럼, 너네 로비 우리가 쓰기로 한 거다? 좋아! 우리의 협상 타결을 축하하며 건배!!"

세 친구는 잔을 부딪치며 다시 '다정한 친구' 모드로 들어갔다.

욕구와 욕구를 합쳐 '창조적 대안'을 만들어라

창조적 대안이란 양측의 욕구를 동시에 만족시키는 제3의 대안을 말한다. 정의만 놓고 보면 대단히 어려운 것처럼 느껴질 수도 있다.

쉬운 예를 들어보자.

주말에 조용히 책을 보려고 도서관을 찾은 당신. 볕이 잘 드는 창가 쪽에 자리를 잡고 책을 읽기 시작했다. 그런데 잠시 후 한 청년이 당신 건너편에 자리를 잡더니, 창문을 활짝 연다. 밖에서 들리는 아이들의 시끄러운 소리 때문에 조용히 책 읽는 평화를 잃게 되자 당신은 창문을 닫고 다시 책 읽기에 집중한다. 하지만 다시 그 청년이 창문을 연다. 살짝 화가 났지만 꾹 눌러 참고 다시 창을 닫는 당신. 그러자 상대도 얼굴을 붉히며 창문을 연다.

자, 창을 닫고 싶은 당신과 창문을 열고 싶은 청년. 둘 사이에 무언의 협상이 시작됐다. 이 협상을 풀려면 어떤 창조적 대안이 필요할까? 일단 양측의 욕구, 즉 니즈를 알아보자. 당신의 니즈는 뭔가? 그렇다. 조용한 분위기에서 책을 읽는 것이다. 그럼 상대의 니즈는? 너무 더워서 시원한 바람을 쐬며 공부하고 싶은 것이다.

그럼 '조용한 상태로 시원한 환경을 만드는 방법'이 바로 이 협상의 창조적 대안이다. 방법은? 그렇다. 창문을 닫고 에어컨을 켜면 된다. 창문을 닫겠다와 열겠다는 포지션이 부딪친 상황에서 '조용함'과 '시원함'이라는 양측의 니즈에 집중하면 '에어컨 켜기'라는 새로운 해결책이 나온다.

어떤가? 너무 시시한가? 하지만 이러한 창조적 대안은 세계의 역사를 바꾸기도 한다. 역사 속의 사례를 살펴보자. 1978년 있었던 이집트와 이스라엘 사이의 평화 협상이다.

이집트와 이스라엘은 시나이 반도 반환 문제를 놓고 10년 넘게 지루한 공방을 벌이고 있었다. 상황은 이랬다. 1967년, 이스라엘은 유명한 '6일 전쟁'을 통해 이집트 영토의 일부인 시나이 반도를 빼앗았다. 뺏은 자와 빼앗긴 자 간의 대립은 갈수록 격화됐다. 이 때문에 중동에서의 평화는 너무 먼일처럼 보였다. 보다 못한 미국이 중재에 나섰다.

캠프 데이비드로 이집트와 이스라엘의 협상 대표를 부른 미국의 카터 대통령. 먼저 이집트의 사다트 대통령에게 물었다.

"시나이 반도와 관련해 이집트가 이스라엘에 원하는 것이 뭡니까?"

이집트의 요구는 간단했다.

"무슨 일이 있어도 뺏긴 땅 전부를 돌려받아야 합니다."

다음, 이스라엘의 협상 대표를 맡은 베긴 총리에게 물었다.

"시나이 반도를 이집트에 돌려주실 수 없습니까?"

베긴 총리가 냉정하게 답했다.

"돌려드릴 생각은 있습니다. 하지만 100% 반환은 불가능합니다. 일부만 돌려드리겠습니다."

'100% 반환'과 '일부 반환'이라는 요구가 맞붙은 상황. 중재자 역할을 맡은 사이러스 벤스 미 국무장관은 양측의 욕구, 즉 니즈를 파악하는 데 주력했다.

"모래밖에 없는 시나이 반도에 왜 그리 집착합니까?"

양측의 욕구는 의외였다. 이집트는 무엇보다 자존심(주권) 회복을 원했다. 작은 나라인 이스라엘에 6일 만에 국토를 빼앗긴 것에 대해 국민들이 크게 분노하고 있었기 때문이다. 그뿐 아니라 이스라엘과 평화 협정을 맺으면 다른 아랍 국가들에 미운털이 박힐 수도 있으므로, 이를 무마하기 위한 반대급부로 시나이 반도는 무조건 전부 차지해야만 했다.

반면 이스라엘의 니즈는 '안전을 보장받는 것'이었다. 시나이 반도라는 완충지대가 있어야만 중동의 적대국들로부터 예루살렘을 지킬 수 있다고 판단한 것. 즉 전쟁 위협에 대한 전초기지 역할로 시나이 반도가 꼭 필요했다.

이렇게 양측의 니즈를 파악한 벤스가 창조적 대안을 내놨다.

"땅은 100% 이집트에 돌려주되, 시나이 반도를 비무장지대로 한다. 그리고 이스라엘에 조기 경보 시스템을 제공해 안보를 철저히 지켜준다."

'자존심 회복'이라는 이집트의 욕구와 '안전 확보'라는 이스라엘의 욕구. 이 둘을 절묘하게 충족시키는 아이디어 덕분에 양국은 전쟁터에서 헛되이 흘릴 뻔한 젊은이들의 피를 지킬 수 있었다.

이처럼 창조적 대안은 꽉 막힌 협상을 풀어내는 해답 같은 역할을 한다. 그래서 협상 워크숍을 진행할 때마다 '창조적 대안을 만들기 위해 노력하라'는 얘기를 많이 한다. 하지만 이럴 때 되묻는 사람이 꼭 있다.

"창조적 대안이 좋은 건 알겠는데, 그거야 협상장에서 잔뼈가 굵은 사람이나 만들어낼 수 있는 거 아닌가요?"

어떤 사람들은 이렇게 하소연한다.

"창조적 대안이라는 건 말 그대로 '창조적인 아이디어'가 많은 사람들이나 만들어낼 수 있겠죠."

혹시 이 글을 읽고 있는 당신도 그렇게 생각하는가? 협상 전문가들은 이런 생각에 대해 단호하게 "No"라고 말한다. 창조적 대안을 만드는 데 협상 경험이나 창의성은 그리 중요하지 않다는 것. 대신 창조적 대안을 만들어내는 '패턴'을 아는 것이 중요하다고 말한다. 실제로 수많은 성공적인 협상 사례를 분석해보면, 창조적 대안에는 몇 가지 일정한 패턴이 있다.

그렇다면 창조적 대안을 만드는 비밀은 과연 무엇일까? 하나씩 풀어보자.

Bet
내가 믿는 쪽으로 '내기를 걸어라'

협상하다 보면 나와 상대가 미래를 다르게 예상해서 협상이 교착 상태에 빠질 때가 많다. 이때 자신의 예상이 맞다며 싸우는 사람들은 협상 고수가 아니다. 양측의 예상이 서로 다르다는 사실을 인정하고 거기에 따라 베팅을 하면 문제는 쉽게 풀린다. 다음 상황을 한번 보자.

당신은 사업을 확장할 자금이 필요해 아버지로부터 물려받은 땅을 팔기로 결심했다. 부동산 사이트를 통해 주변 시세를 확인해보니 현재 가치는 3억 원 정도로 나타났다. 하지만 지난주 언론사에 근무하는 지인으로부터 '그 지역 인근에 5년 이내에 지하철역이 들어설 것'이라는 정보를 들었다. 몇 군데 확인을 해보니 충분히 믿을 만한 정보였다. 그래서 현재는 3억 원이지만, 역세권임을 고려해 5억 원을 받아야 한다고 생각한다. 하지만 사려는 사람은 생각이 다르다. 지하철역이 들어올 가능성이 전혀 없다고 확신하기 때문에 현재 가치인 3억 원이면 충분하다고 주장한다.

이때 협상을 못하는 사람들은 3억 원과 5억 원의 중간선인 4억 원에 대충 합의한다. 하지만 협상 고수는 다르다. '현재 가격인 3억 원으로 거래하되, 5년 내 지하철역이 개통되면 2억 원을 매수인이 추가로 지불한다'는 조항을 넣는다. 어떤가? 판매자는 5년 안에 2억 원을 더 받을 수 있으리라고 기대하고 있기 때문에 '5억 원에 팔았다'고 생각한다. 반대로 매수인은 '3억 원에 땅을 샀다'고 생각하며 만족한다. 양측 모두 기분 좋은 결과가 나오는 것이다.

이것이 바로 '내기Bet'를 활용한 협상법이다. 미래 상황에 대해 내기를 걸어 양측 모두가 만족하는 결과를 얻어낼 수 있다.

이 방법은 주로 M&A 협상에서 많이 사용된다. 파는 입장에서는 자산건전성 자료 등을 제시하며 최대한 높은 가격을 요구한다. 반면 사는 입장에서는 잠재된 부실 자산이 있을 수 있다며 가급적 낮은 가격으로 사려고 한다. 이 문제가 내기를 거는 것으로 많이 해결된다. 인수 계약이 끝난 후에 숨겨졌던 부실 자산이 발견됐을 때 그 금액을 추가로 지불하는 조건을 넣는 식(이를 풋백옵션이라 한다)이다. 양측이 서로 주장하는 내용에 자신이 있다면, 이런 조항을 통해 협상의 돌파구가 생긴다.

내기는 나와 상대가 다른 정보를 갖고 있을 때 큰 힘을 발휘한다.

이와 함께 내기가 유용할 때가 또 있다. 바로 상대가 믿을 만한 사람인지 '신뢰도'를 확인해야 할 때다. 예를 들면 이런 상황이다.

영업 사원을 뽑는 당신. 한 후보자가 호기롭게 말한다.

"저를 뽑아주시면, 1년에 저 혼자 3억 원 정도의 매출은 얻으실 수 있을 겁니다. 그러니 매출액의 3분의 1인 1억 원을 제 연봉으로 주십시오."

하지만 당신 생각은 다르다. 아무리 해봤자 연 1억 원 이상은 힘들 것 같다. 그래서 이렇게 제안한다.

"매출액의 3분의 1을 주는 건 합리적이라고 생각해요. 하지만 내 생각에 개인이 할 수 있는 매출액은 연 1억 원 정도가 최대한일 것 같으니, 연봉은 3,300만 원 정도로 하죠. 하지만 정말 당신이 말한 것처럼 연말에 매출 3억 원을 달성한다면, 인센티브를 포함해 전체 연봉을 '1억 원+α'로 맞춰드리겠습니다. 어떤가요?"

만약 이 제안에 상대가 "OK" 한다면, 당신은 그 직원을 뽑으면 된다. 하지만 만약 "안 됩니다. 그럼 연봉 5,000만 원 정도로 하시죠"라는 식의 어중간한 타협안을 제시한다면, 상대 주장의 신뢰성을 의심해볼 필요가 있다. '연 3억 원 매출'이라는 주장이 공수표일 확률이 높기 때문이다.

그러나 안타깝게도 실제 협상에선 이런 창의적 아이디어가 잘 떠오르지 않는다. 1969년부터 10년이 넘게 계속되다 결국 결렬된 협상이 있다. 바로 미국 법무부와 IBM 간의 협상[30]이다.

미 법무부는 컴퓨터 시장에서 IBM의 점유율이 점점 커지는 것을 우려해, 더 이상의 시장 확장을 자제하라고 했다. 하지만 IBM의 입장은 달랐다. 조만간 컴퓨터 업계가 초경쟁 시장이 돼, 점유율이 조만간 떨어질 거라고 전망했다. 그렇기에 현재의 생산 계획을 바꿀 수 없다고 맞섰다. 결국 미 법무부는 IBM의 반독점 제한 위반에 대해 소송했고, IBM은 항소했다. 지루한 싸움은 13년 동안 이어졌다. 이를 위해 자그마치 6,500만 페이지 이상의 문서가 제출됐다.

이 협상의 최종 승자는 누구일까? 수백만 달러를 받으며 양측에서 변호를 맡았던 변호사들이었다. 이 협상은 시장 환경이 바뀌며 둘 다 상처만 잔뜩 입은 채 흐지부지돼버렸다. 협상이 깨진 이유는 뭘까? '미래의 컴퓨터 시장점유율'에 대한 예측이 달랐기 때문이다. 만약 IBM이 '5년 뒤 IBM 점유율이 50%를 넘지 않으면 소송 취하'라는 조건을 제시했다면 어땠을까? 혹은 미국 법무부에서 '5년 후 IBM 점유율이 75% 이상 될 경우 벌금과 함께 일정 부분 시장 철수'라는 조건을 제시했다면? 이렇게 미래 상황에 내기를 걸었다면 서로 만족하며 해결될 수 있었을 것이다.

그러나 내기를 활용한 협상법이 항상 양측 모두에게 좋은 결과를 가져다주는 것은 아니다. 어느 한쪽이 주장한 대로 결과가 나왔을 때, 반대 주장을 한 측은 엄청난 손해를 볼 수도 있다. 대표적인 사례가 1999년 12월, 제일은행을 매각할 때 우리 정부가 뉴 브리지 캐피탈과 했던 협상이다. 당시 우리 정부는 5,000억 원을 받고 제일은행을 매각하기로 했다. 그리고 향후 2~3년간 제일은행에 추가 부실이 발생하면 예금보험공사가 책임을 지겠다는 '풋백옵션'을 걸었다. 뉴 브리지 캐피탈이 '제일은행의 안정성'에 대해 의심을 가졌기 때문. 그런데 뚜껑을 열어보니, 부실 규모가 눈덩이처럼 불어나 보상해야 할 금액이 자그마치 3조 6,000억 원에 달했다.[31] 잘못된 협상 하나로 국민의 세금이 애꿎은 데로 새어나간 것이다.

지난 2006년엔 금호아시아나그룹이 대우건설을 인수할 때 투자자들에게 약속한 풋백옵션 때문에 그룹 전체가 위기를 맞기도 했다.[32] 결국 Bet을 활용할 때는 확실한 자료와 근거에 기반해 접근해야 한다.

협상가들은 나와 다른 주장을 하는 상대의 생각을 바꿀 수 있을 거라고 기대한다. 하지만 사람의 생각은 쉽게 바뀌지 않는다. 더구나 상대가 충분한 근거를 갖고 있다면 더더욱 그렇다. 상대의 생각을 바꾸려고 애쓰지 마라. 그 대신 자신이 믿는 쪽으로 내기를 걸어라. 그것이 훨씬 합리적인 해답이다.

Rule Change
답이 보이지 않을 땐 '룰을 바꿔라'

탁자 위에 동그란 달걀을 세우는 방법은? 다들 알다시피 '깨면' 된다. 콜럼버스가 그랬던 것처럼. 여기서 중요한 점은 '달걀을 깨선 안 된다'는 암묵적 룰을 바꿨다는 사실이다. 협상에서도 마찬가지다. 정해진 틀 속에서는 새로운 해결책을 찾기가 쉽지 않다. 그래서 프로 협상가들은 협상의 룰을 바꿀 방법이 없을지 고민한다.

아주 쉬운 예를 보자. 케이크 하나를 나눠 먹어야 하는 두 아이. 케이크를 서로 자기가 자르겠다며 다투고 있다. 다른 친구가 나누면 자신이 손해 볼 거라고 생각하기 때문. 이 다툼을 해결할 방법은 뭘까? 그렇다. 한 명이 케이크를 자르고 다른 한 명이 고르면 된다. 이를 통해 두 사람 모두 만족할 만한 결과를 얻을 수 있다. 케이크를 자른 사람이 선택권을 갖는다는 무의식중의 룰만 바꾸면 문제는 간단하게 해결된다.

너무 쉬운가? 하지만 쉽다고 우습게 보면 곤란하다. 어떤 협상에 적용하느냐에 따라서 이 쉬운 협상법으로 엄청난 갈등 위험을 피하고 합의에 이를 수 있다.

1973년 시작된 해저 광물 채굴권 협상[33]은 10년째 UN의 큰 골칫거리였다. 태평양 등 공해상의 심해에 묻혀 있는 희귀 광물 개발권에 대한 협상이 제자리걸음을 하고 있었기 때문. 광물 채굴을 하려면 어떤 나라가 어느 지역을 개발할 것인지 결정해야 하는데, 나라마다 이해관계가 얽혀 쉽사리 결론이 나지 않았다.

우여곡절 끝에 대상 해역의 절반은 미국과 영국 등 선진국 기업의 컨소시엄이, 나머지 절반은 후진국들이 컨소시엄을 구성한 '엔터프라이즈'에서 갖는 것까지는 정했다. 하지만 구역을 어떻게 나눌 것이냐는 문제에서 협상은 다시 교착 상태에 빠졌다. 지역 선택의 우선권을 가진 엔터프라이즈가 지도 위에 선을 그었다 지웠다만 반복하고 있었던 것. 채굴 해역에 대한 충분한 정보 없이 섣불리 지역을 선택했다가, 선진국들이 가치 있는 광물이 묻혀 있을 만한 지역을 독식할까 봐 염려하고 있었다.

사업 구역을 놓고 협상이 꽉 막힌 상황. 이때 제시된 해결책이 '선진국 기업 컨소시엄이 구역을 나누고 엔터프라이즈가 고르는 것'이었다. 이렇게 되면 선진국들은 최대한 공정하게 구역을 나눌 수밖에 없다. 자칫 잘못하다간 엔터프라이즈에 노른자위 땅을 다 내어줄 수도 있기 때문이다. A가 고르고 B가 나누는 아주 간단한 방법으로 10년간 속을 썩이던 UN 해양법 협상이 성공적으로 마무리됐다.

룰을 바꿔 협상을 타결시킨 또 다른 사례[34]가 있다.

다국적 호텔 체인이 한 개발도상국에 진출하게 됐다. 그런데 적극 환영하던 정부와의 최종 계약 상황에 문제가 생겼다. 호텔 측은 '총수익의 30%를 달러로 자국에 송금해야 한다'고 했다. 회사 정책상 송금 비율을 낮추는 것은 불가능했다. 하지만 정부는 '어떤 외국계 기업도 수익의 10% 이상을 달러로 송금하는 건 안 된다'며 맞섰다. 개도국의 정부가 외국계 기업을 유치하는 것은 달러를 확보하기 위한 것인데, 달러 송금 비율이 높아지면 그 목적을 달성하기가 어려워지기 때문이다.

'30% 송금'과 '10% 송금'이라는 포지션이 맞선 상황. 이때 양측의 니즈에 집중해 룰을 깬, 창의적 아이디어가 나왔다. '호텔 매출액 중 달러 수입 분의 50%까지 달러 송금을 허용한다'는 것. 이렇게 되면 호텔은 기존 '30%'보다 더 높은 송금 비율을 얻어낼 수 있기에 만족한다. 정부는 어떨까? 호텔 입장에선 본사에 송금하는 금액을 늘리기 위해 고객들의 달러 결제를 유도하게 된다. 그 덕분에 정부는 달러 보유액이 늘어나게 돼 만족한다. '송금 비율'이라는 문제를 '달러 수익 중의 송금 비율'로 틀을 바꿔 창의적 해결책을 만들어냈다.

주어진 틀에서만 생각하면 누군가는 손해 보고 양보해야 한다. 답이 보이지 않을 땐 협상의 룰을 바꿔라. 처음에 제시된 협상 조건에서 한발 물러나 룰을 바꿀 때, 창의적 협상이 가능해진다.

∴ Add
안건을 '더해' 파이를 키워라

많은 협상가들이 실수하는 게 있다. 협상을 할 때 한 번에 하나의 안건만 처리하려는 것. 가격 협상이 끝나야 지불 방법을 협상하고, 그게 마무리 돼야 물량을 협상하는 식이다. 이건 결코 좋은 방법이 아니다. 긴 협상 과정에서 하나의 어젠다에 묶여 시간을 끄는 것은 소모적인 낭비일 뿐이다.

쉬운 예를 들어보자. 당신이 동료와 점심 메뉴를 놓고 협상을 한다. 당신은 오랜만에 햄버거가 '땡긴다.' 그런데 동료는 뜨끈한 설렁탕이 먹고 싶다고 한다. '점심 메뉴'라는 하나의 어젠다로 맞서 해결이 쉽지 않다. 만약 이때 '돈은 누가 낼래?'라는 어젠다를 추가하면 어떻게 될까? 혹은 '내일은 뭘 먹을까?'라는 어젠다를 추가한다면? 이렇게 협상의 어젠다를 추가해 동시에 협상하면 문제는 훨씬 쉽게 풀린다.

딱 하나의 어젠다만 갖고 협상해야 하는 경우는 거의 없다. 비즈니스 상황은 더욱 그렇다. 구매 협상을 예로 들어보자. 일반적으로 가장 큰 갈등은 가격 문제에서 생긴다. 이때 프로 협상가들은 가격에 집착하지 않는다. 대신 이렇게 접근한다.

"구매 물량을 지금보다 10% 더 늘리겠다"라거나 "현금 결제를 해주겠다"는 등, 가격 이외의 다른 안건을 제시한다. 만약 상대가 '생산 물량을 늘려 전체 매출액을 높이는 것'에 관심이 있다면, 혹은 '요즘 대금 결제가 잘 이뤄지지 않아 현금 확보가 필요하다'고 판단하고 있다면, 가격을 양보하고 이 조건을 받아들일 수 있다.

이처럼 가격이 가장 중요하다고 생각되는 구매 협상에서도 물량, 유통비, 지불방법, 품질, AS 등 가격 이외에 수많은 다른 어젠다를 제시할 수 있다. 이를 통해 가격 문제를 풀 실마리를 얻을 수 있다.

창조적 대안을 만들어내기 위해서는 협상 테이블에 나서기 전에 최대한 많은 어젠다를 준비해야 한다.

이 패턴을 실전 구매 협상에서 그대로 활용하는 기업이 있다. 제품의 50% 이상을 '1,000원'에 판매하는 생활용품업체 '다이소'다. IMF 이후 우후죽순 생겨난 '천원숍' 중에서 유일하게 살아남은 다이소. 이 기업의 성장에는 많은 이유가 있겠지만, 탁월한 구매 협상력도 큰 역할을 했다.

다이소는 상품 가격을 정할 때 재료 및 제조 원가 등을 따져 기획하지 않는다. 대신 판매가격을 먼저 정한다. 기존 방식과 완전히 반대의 접근을 펴는 것.[35] 이렇게 내부적으로 판매 가격을 정한 뒤 제조업체를 찾아가 가격 협상을 한다. 워낙 저가 판매다 보니 납품 업체와의 협상은 항상 어렵다.

예를 들면 이런 식이다. '최소한 800원은 받아야 한다'고 말하는 납품 업체, 하지만 다이소 입장에서는 500원에 구매해야 마진이 남는다. 300원의 차이. 이때부터 다이소 구매 담당자의 협상력이 발휘되기 시작한다.

첫 번째는 '물량.' 대부분의 중소 생산업체들은 '안정적 공급원'을 갖길 원한다. 이 부분에 주목해서 '다이소와 거래하면 공장 가동률

100%를 만들어주겠다'고 제안한다. 공장 가동률이 100%가 된다는 건, 같은 고정비를 투자해 더 많은 물건을 만들어낸다는 뜻이다. 결국 개당 생산단가가 낮아지는 셈.

두 번째는 현금 결제다. 다이소의 박정부 회장은 한 언론과의 인터뷰에서 "어음이나 당좌수표는 어떻게 생긴 건지도 모른다"[36]고 말했다. 물건을 납품하고도 종종 제때 돈을 받지 못하는 '사고'를 겪는 중소 업체들에게 이것만큼 매력적인 조건은 없을 것이다.

마지막은 '핵심 기능에만 집중하기'다. 다이소는 제품을 구매할 때 4단계의 품질 검증 과정을 거칠 만큼 까다롭다. 하지만 꼭 필요한 핵심 기능에 영향을 주지 않는 부분이나 불필요한 디자인, 포장 등은 과감하게 없앤다. 이를 통해 생산 공정을 단순화해 제조 단가를 낮출 수 있다. 결국 처음엔 '가격'으로 부딪치지만, '물량' '결제 조건' '공정 단순화' 등의 다른 안건을 붙여서 Add, 자신들은 물론 납품업체도 만족하는 협상 결과를 만들어낸다.

하나의 문제만 가지고 진행하는 협상은 주어진 파이를 '나누는' 협상이다. 이렇게 되면 누구도 만족하는 결과를 만들어내기 어렵다. 이럴 때 또 다른 협상 안건을 더해라. 서로가 관심 있는 다른 어젠다를 추가한다면, 나눌 수 있는 파이는 더 커진다. 그리고 자연스럽게 처음 원했던 것보다 더 만족스러운 결과를 얻을 수 있다.

협상은 양측이 조금씩 양보해 타협점을 찾는 것이 아니다. 절충점을 생각하기 전에 먼저 파이의 크기를 키울 방법을 찾아라. 새로운 어젠다를 추가하는 것이 가장 쉬운 방법이다.

Chop
이슈의 의미를 잘게 '쪼개라'

많은 사람들이 하나의 사물, 하나의 안건에는 하나의 의미만 있다고 생각한다. 하지만 프로 협상가들은 다르다. 안건이 갖고 있는 의미를 쪼갠다. 이런 방법을 통해 창조적 대안을 만드는 것이 바로 쪼개기 Chop 다. 설명이 너무 어려운가?

앞서 창조적 대안의 대표적인 사례로 살펴본 시나이 반도 반환 협상에서 사용된 원리가 바로 'Chop'이다. 시나이 반도라는 땅 반환 문제로 10년 넘게 지루한 다툼을 벌이던 이집트와 이스라엘. 이 문제를 해결하기 위해 중재자 역할을 맡은 미국의 국무장관 사이러스 벤스는 '땅'의 속성을 쪼개 문제를 해결했다.

많은 사람들이 '땅을 갖는다'고 하면 그곳의 군사 주둔권도 함께 갖는 거라고 생각한다. 하지만 벤스의 생각은 달랐다. 땅의 '소유권'과 '군사 주둔권'을 쪼갠 것. 그래서 소유권은 이집트가 갖되, 군사 주둔권은 이집트가 아닌 제3국(UN)에 주는 창조적 대안을 만들어냈다. 어떤가? 아직도 하나의 안건에는 하나의 의미만 있다고 생각하는가? 하나의 문제를 다양한 시각에서 바라보는 것, 바로 그것이 창조적 대안을 만들기 위한 출발이다.

이 방법은 1990년대 초 김포 쓰레기 매립장 사용권을 둘러싼 문제에서도 적용됐다.[37] 김포 쓰레기 매립장은 설계 당시 '생활 쓰레기만 처리하겠다'는 약속을 하고 지역 주민들을 설득해 매립 부지로 선정됐다. 그런데 '산업 폐기물'을 함께 처리해야 할 상황이 되었다. 주변 쓰레기 매립장들이 포화 상태가 되면서 지역 산업체에서 나오는 산업 폐기물 처리가 어려워진 것. 지역 산업체들은 '산업 폐기물을 처리하지 못해 공장 운영이 불가능한 지경'이라며, '김포 쓰레기 매립장에 산업 폐기물도 반입하게 해달라'고 민원을 넣었다. 이 소식을 듣고 지역 주민들은 '약속 위반'이라며 격렬히 반대했다.

'산업 폐기물 처리는 절대 불가능하다'고 주장하는 시민들과 '공장 가동을 위해 산업 폐기물을 처리하게 해달라'고 요구하는 업체가 팽팽히 맞선 상황. 지자체는 고심 끝에 '산업 쓰레기'가 갖는 속성을 쪼개는 것으로 문제를 해결했다. 지역 주민들이 산업 쓰레기 반입을 반대한 것은 '산업 쓰레기에서 배출되는 유해 물질' 때문이라는 이들의 니즈에 주목한 것. 다시 말해 '유해 물질'이 문제지, '산업 쓰레기' 자체는 문제가 아니라는 말이다. 결국 이 문제는 '유해 물질이 포함된 산업 폐기물은 절대 반입하지 않는다'는 조항을 넣어 해결됐다. 실제 산업체에서 나오는 산업 폐기물 중 유해 물질이 포함된 것은 30%도 채 되지 않았다. 결국 문제를 쪼갬으로써 지역 주민의 걱정도 없애고, 산업체에는 산업 폐기물 처리장을 만들어줄 수 있었다.

국가나 각종 이해단체의 손익이 엇갈리는 외교 협상에서도 이 방법은 통한다. 뉴질랜드 제스프리사의 키위 수입 문제를 해결하기 위한 협상이 그것이다.

열악한 재배 환경 속에서도 꾸준한 기술 개발 등을 통해 키위 시장을 조금씩 키워가고 있던 한국 키위 생산자 단체. 그런데 세계 키위 공급량의 75%를 차지하는 뉴질랜드 제스프리사가 한국에 진출한다는 소식이 들리자 농민들은 좌절할 수밖에 없었다. 가뜩이나 과일값 폭락으로 어려워진 국내 과일 시장에서, 제스프리사의 맛 좋고 값싼 키위가 수입된다면 한국 키위 농가는 밀릴 수밖에 없었기 때문이다.

이 문제를 해결하기 위해 우리 정부는 다양한 안건을 붙여Add 협상을 풀어가기 위해 노력했다. 대표적으로 '제스프리사의 질 좋은 종자를 싸게 공급해주겠다' '뉴질랜드 농가와 자매결연을 맺고 재배 기술을 전수해주겠다'는 것 등이었다. 이는 우리나라 키위 재배 농민들에겐 분명 좋은 혜택이었다. 선진 종자와 기술을 배우면 그만큼 경쟁력이 높아질 것이기 때문.

하지만 이런 혜택만으로 제스프리의 전면 수입을 허용할 수는 없었다. 어차피 한정된 국내 시장에서 경쟁해야 하는 상황이라면, 아무리 경쟁력을 높인다 한들 장기적으로 제스프리에 밀릴 수밖에 없다고 판단했기 때문이다.

그때 나온 해결책이 바로 '기간별 수입량 제한'이었다. 제스프리의 재배지인 뉴질랜드는 남반구에 위치하고 있다. 북반구인 우리나라와 계절이 정반대다. 이는 기후조건에 따라 키위 생산 시기도 다르다는 것을 의미한다. 그래서 우리나라에서 키위가 주로 생산되는 11월부터 이듬해 4월까지는 제스프리의 수입 물량을 제한하고, 나머지 기간, 즉 제스프리 키위가 많이 생산되는 5월부터 10월까지는 수입 물량을 자유화하는 대안을 만들어냈다. 이를 통해 우리나라 키위 농가들은 안정적 시장을 확보할 수 있고, 국민들은 키위를 1년 내내 먹을 수 있게 되었다.[38] '1년'이라는 기간을 쪼개서 만들어낸 창조적 대안이라 할 수 있다.

상대와 같은 것을 갖기 위해 다투고 있는가? 협상 이슈를 잘게 쪼갤 방법은 없는지 찾아보라. 그리고 그 조각들 중에 나에게 필요 없는 것은 버리고, 내가 진짜 원하는 것을 가져라. 그것이 협상 해결의 실마리다.

자, 그럼 이쯤에서 실전 연습을 한번 해보자. 당신은 강원도에서 몇 년째 펜션 사업을 하고 있다. 직장생활을 정리하고 제2의 인생을 시작한다는 각오로 뛰어들었기에, 고생도 많았지만 지금은 어느 정도 자리를 잡아 안정적으로 운영하고 있다. 마침 동계 올림픽 개최가 확정돼 사업이 더 잘될 거라는 기대가 크다. 올림픽 특수를 대비해 객실 수도 8개에서 14개로 늘린 터라, 기존 거래처들과 재계약을 하느라 정신이 없다.

그런데 문제는 케이블 TV 업체. 객실에 들어가는 케이블 TV 요금을 놓고 계속 실랑이 중이다. 당신은 구매 물량이 2배 가까이 늘었으니 당연히 할인을 해줄 거라 기대했는데, 웬걸, 오히려 케이블 업체에서는 이 기회에 유료 채널도 볼 수 있는 프리미엄 상품으로 업그레이드하라고 제안해왔다. 담당자가 내색은 안 하지만, 프리미엄 요금 상품을 많이 팔아야 이번 달 영업 실적 평가에서 그가 좋은 결과를 얻을 수 있다는 걸 당신도 알고 있다. 할인은커녕 부담만 커질 수 있는 상황, 당신은 어떻게 이 협상을 타결할 수 있을까?

방법은 여러 가지가 있겠지만, '쪼개는' 방법을 활용해보자. 기존 객실과 신규 오픈하는 객실의 상품을 나눠서 생각하는 것이다. 한마디로 신규 객실은 영업 담당자가 원하는 대로 프리미엄 상품으로 하고, 그 대신 기존 객실의 상품 가격을 깎아달라고 요구하는 것. 케이블 TV 영업 담당자는 프리미엄 상품을 파는 게 중요하니 실적이 올라서 좋고, 당신은 그걸 명분으로 기존 상품을 할인받을 수 있으니 좋다. 게다가 손님들에게는 고객을 위해 비싼 상품을 기꺼이 서비스한다는 점을 어필할 수 있다. 이처럼 14개 객실을 모두 바꿔야 한다는 생각에서 벗어나 신규 객실만 떼어내 생각하면 새로운 대안을 제시할 수 있다.

∴ Exchange
상대와 나의 중요도가 다른 것끼리 '교환하라'

당신 앞으로 선물이 도착했다. 최근 알게 된 지인이 몸보신하라며 '제주도 흑돼지'를 보내온 것. 그걸 본 순간 당신은 눈을 질끈 감아버렸다. 당신은 철저한 채식주의자였기 때문. 당신에게 '흙돼지'는 징그러운 고깃덩어리일 뿐이었다.

처치 곤란의 선물을 처리하려고 현관을 나섰는데, 그때 옆집 문이 열리더니 이웃사람이 큰 박스를 하나 가지고 나와 문 앞에 쌓아둔다. 박스엔 '제주도 천연 나물 세트'라고 적혀 있다. 자세히 보니 포장도 뜯지 않은 듯하다.

당신이 먼저 말을 건다.

"제주도 나물이에요? 귀한 거네요."

"그래요? 어? 그건 없어서 못 먹는다는 제주도 흙돼지 아닌가요?"

"이게 그렇게 좋은 거예요? 몰랐네요. 전 고기를 안 먹어서…."

자, 지금 무슨 일이 벌어지고 있는가? 채식주의자인 당신에게 나타난 '고기 선물'과 고기를 사랑하는 이웃 주민이 받은 '나물 선물.' 당신에게 고기 선물은 징그러운 존재이고, 이웃에게 나물 세트는 부피만 차지하는 맛없는 음식일 뿐이다. 하지만 두 선물을 맞바꾼다면? 세상 무엇보다 귀중한 선물이 될 수 있다. 바로 이것이 '교환'의 힘이다.

협상도 마찬가지다. 협상을 앞둔 많은 사람들이 갖는 오해가 있다. 나에게 중요한 문제는 상대에게도 중요하다고 생각하는 것. 하지만 이는 틀렸다. 나에겐 아주 중요하지만 상대방에게는 그다지 중요하지 않은 조건이 분명히 있다. 반대로 내가 쓸모없이 여기는 것이 상대에겐 무엇보다 중요한 문제일 수도 있다.

예를 들어보자. 구매자인 나는 갑작스레 발생한 수요를 맞추기 위해 납기일을 당겨야 한다. 지금 당장 현금을 주더라도 납기를 맞추는 게 중요하다. 반면 나의 협상 상대는 납기를 맞추는 것은 문제 되지 않지만, 이달 말까지 현금이 꼭 필요한 상황이다. 어떤가? 납기일을 원하는 날짜로 맞추는 대신 현금으로 결제하면 이 협상은 쉽게 풀릴 수 있다.

이처럼 나에겐 중요한 문제가 상대에겐 중요하지 않을 수 있다. 그리고 각자 중요하게 생각하는 가치가 다르기 때문에 서로에게 유리한 조건으로 협상을 타결할 수 있다. 이를 협상학에서는 '교환가치'를 활용한다고 말한다. 교환가치란, 나와 상대가 특정한 내용에 대해 생각하는 중요도가 다르기 때문에 생기는 가치다. 그리고 이를 활용해 창조적 대안을 만들어내는 것이 바로 교환Exchange이다. 협상 테이블에서 오고 가는 많은 안건을 섞어서, 서로가 중요하게 생각하는 것은 취하고 덜 중요하게 생각하는 것은 양보함으로써 협상 전체 파이의 크기를 키우는 방법이다.

교환가치를 활용한 협상법은 협상 안건이 많으면 많을수록 더 큰 힘을 발휘한다. 양측이 다른 가치를 매기는 안건들이 많을수록 교환할 수 있는 가치도 많아지고, 양측 모두 만족할 만한 결과를 얻어내는 방법도 늘어난다.

결국 효과적인 교환은 얼마나 많은 안건을 붙이고Add, 쪼개느냐Chop에 따라 결정된다.

그렇다면 실제 비즈니스 협상에서 '교환'은 어떻게 이뤄질까? 1998년 진행된 볼보건설기계와 삼성중공업의 M&A 협상[39]에서 이 방식이 사용됐다. 볼보는 IMF 한파 이후 삼성중공업의 애물단지가 되어버린 중장비 분야를 인수했다. 당시 이 사업부는 670억 원의 부채를 안고 있을 만큼 상황이 어려웠다. 그런데 볼보는 인수 후 2년 만에 흑자로 전환시키는 대성공을 거뒀다. 협상에서 교환을 통해 양측이 나눠 가질 수 있는 파이를 키운 덕분이었다.

협상 초기에는 양측 모두 매각 비용을 얼마로 할 것인가에 초점을 맞춘 것으로 보였다. 하지만 볼보에게는 내심 매각 비용보다 더 중요한 것이 있었다. 바로 유럽보다 상대적으로 싼 한국 노동자들을 고용하는 것 그리고 아시아에서 브랜드 파워가 높은 삼성을 활용해 아시아 시장에 진출하는 것이었다. 그래서 매각 비용 이외의 다양한 협상 안건을 협상 테이블에 올려놓았다.

삼성중공업은 이 조건을 받아들이면서 새로운 안건을 제시했다. '삼성'이라는 브랜드 사용에 대한 로열티 요구와 함께, 자동차 시장 진출을 위해 세계적 수준인 볼보의 자동차 기술 제휴를 요청한 것이다. 삼성 입장에서는 볼보의 선진 자동차 기술을 배우는 것이 많은 매각 비용을 받는 것만큼이나 중요했다. 그리고 이 조건은 볼보에게는 크게 중요한 문제가 아니어서 서로 교환할 안건들을 만들어낼 수 있었고, 이 협상은 양측 모두 만족하는 결과로 타결됐다.

말 한마디로 적게는 몇백만 원, 많게는 몇천억 원이 왔다 갔다 하는 협상장. 그래서 많은 사람들이 생각한다. '긴장감 넘치는 협상장에서 어떻게 창의적일 수 있으며, 무슨 대안을 만들어낼 수 있겠느냐'고. 그래서 어쩌면 협상에서의 '창조적 대안'을 다른 세상의 얘기라 생각하기도 한다.

물론 협상장에서 창조적 대안을 만들어내는 건 쉽지 않다. 하지만 불가능한 것 또한 아니다. 창조적 대안을 만들어내는 데에는 일정한 패턴이 있기 때문이다. 특출한 재능이 없어도, 협상을 모르는 '초짜' 협상가라도, 패턴만 제대로 알고 있다면 얼마든지 가능하다. 내기를 걸고Bet, 룰을 바꾸고Rule Change, 안건은 더하고Add, 첨예한 이슈를 쪼개고Chop, 안건의 중요도에 따라 교환Exchange하는 것. 협상 상황에 따른 패턴을 아는 것이 핵심이다. 그리고 이 5가지 패턴만 기억하고 활용하면, 당신도 얼마든지 창조적 대안을 만들어낼 수 있다.

이것만은!

창조적 대안을 찾아라

---

1. 내기를 걸어라
나와 다르게 예측하는 상대와 싸우지 마라. 서로가 믿는 쪽으로 내기를 걸어라. 그럼 양측 모두 웃으며 협상장을 나갈 수 있다.

2. 게임의 룰을 바꿔라
문제가 안 풀리면, 문제를 바꾸면 된다. 내가 풀 수 있도록! 협상의 룰을 바꾸면 쉬워진다.

3. 새로운 안건을 더하라
나눌 파이가 커지면, 적은 비율만 차지해도 만족할 수 있다. 협상의 안건을 늘려라. 덜 얻고도 더 많이 가져갈 수 있다.

4. 이슈를 쪼개라
하나의 협상 안건에도 다양한 의미가 숨어 있다. 의미를 쪼개라. 그리고 내가 원하는 부분만 가져가면 된다.

5. 안건을 교환하라
나에겐 정말 중요한 것이 상대에겐 전혀 쓸모없는 것일 수 있다. 물론 그 반대도 가능하다. 그래서 바꿔야 한다. 안건을 바꾸면 가치가 커진다.

실수의 여지를 만들지 마라

9

협상을 잘하기 위해 가장 중요한 게 무엇일까? 협상 이슈에 대한 지식보다, 경청보다, 화술보다 중요한 것이 '철저한 준비'다. 그런데 내가 협상 준비를 하는 동안 상대는 손 놓고 있을까? 물론 아니다. 당신만큼이나 상대도 이 협상에서 이기기 위해 부지런히 머리를 굴리고 있다. 그렇다면 남은 것은, '누가 준비를 더 잘하느냐'다. 협상 준비를 제대로 하기 위해서는 체계적으로 정리된 툴이 필요하다. 이 장에서는 실전 협상에 적용할 수 있는 툴을 익혀보자.

"하여간 생산팀이 문제라니까!"

두 시간째 이어지던 팀장 회의 도중 잠깐의 쉬는 시간. 영업팀 박 팀장이 나협상 팀장에게 커피 한 잔을 내밀며 말을 건넨다.

"아까 회의 때, 신규 고객 확보 얘기가 많았잖아? 그걸 지금 생산팀에서 다 말아먹고 있는 거 알아?"

나협상 팀장은 영업팀 박 팀장의 말이 무슨 뜻인지 이해되지 않았다.

"생산팀에서 신규 고객 안 받으려고 방해라도 한다는 거야 뭐야?"

"방해? 하긴, 방해라면 방해지. 답답해서 정말⋯."

박 팀장의 설명은 이랬다. 나협상 팀장의 회사에서는 지난 분기부터 고객사와 미팅 때 세일즈 담당자와 관련 팀 직원이 함께 참석하기로 했다. 그런데 그것 때문에 영업팀 직원들의 불만이 엄청나다는 것.

"우리가 상대 회사 맘에 쏙 들 만한 제안을 했어. 그래서 상대 회사에서 '좋습니다, 계약하시죠'라고 대답하려는 순간! 갑자기 생산팀 담당자가 놀라며 이러는 거지. '한 달이라고요?' 사전에 아무 말도 없다가 갑자기 말야. 하기 힘들다는 거지 뭐. 그 말을 들은 상대 회사는 '이거 힘드신 건가요?'라고 우리를 의심하고, 결국 계약도 안 되고… 이런 게 한두 번이 아니라니까?"

"결국 우리 회사 직원들끼리 말이 안 맞아서 계약이 안 된다는 거구먼?"

"그렇지. 하여간 영업의 기본도 모르는 사람들! 그 자리에서 그 얘길 왜 꺼내?"

박 팀장은 그때 생각을 하자 다시 열이 나는 듯, 연신 부채질을 해댔다. 이런 박 팀장을 가만히 바라보던 나 팀장이 입을 열었다.

"자네, 우리와 북한의 협상력에 대해 어떻게 생각해?"

"응? 뜬금없이 그건 왜? 뭐, 협상은 북한이 잘하지 않나?"

"그럼, 그 이유가 뭐라고 생각해?"

"아, 머리 아프게 괜히 질문하지 말고… 하고 싶은 말이 뭔데?"

답답해하는 박 팀장을 보며 나협상 팀장이 말을 이어간다.

"2011년이었나, 갑자기 남북 군사실무회담이 결렬돼서 좀 시끄러웠던 적이 있었어. 처음엔 북한에서 당시 천안함 사고랑 연평도 사건을 사과하지 않아서 남측이 결렬시킨 걸로 보도가 됐지."

"그런 게 아니었어?"

"뭐 그런 이유도 있지. 하지만 또 다른 보도도 많이 나왔어. 그게 전부는 아니었다는 거야."

"근데 갑자기 그 얘길 왜 해? 생산팀 사람들 입단속 어떻게 시킬지나 생각해봐!"

"지금 자네 영업팀이랑 생산팀이 싸우는 게 그 상황이랑 비슷한 것 같아서 말야."

"응? 그게 무슨 소리야?"

의아한 표정을 짓는 박 팀장. 나협상 팀장이 계속 설명을 이어간다.

"당시 북한에서 '남측이 회담 진행 상황을 언론에 자세히 공개했다'며 불만을 갖고 협상을 깨버렸다는 거야. 그래서 국방부에서는 남북 군사실무회담 관련자들 중에 그 내용을 언론에 노출한 사람을 찾는 조사를 했던 거고."

"정말? 그게 사실이라면 진짜 말도 안 되는데? 어떻게 협상하는데 그 정도 준비도 안 하고…."

"그렇지? 그럼 이런 문제가 왜 생겼다고 생각해?"

"그야 내부 입단속이 안 됐으니 … 응? 내부 입단속이라면…."

본인 스스로 자신의 행동이 '말도 안 되는 것'이라고 말해버린 박 팀장. 나협상 팀장이 어깨를 두드리며 말했다.

"자네는 상대 회사를 우리 편으로 만들려고 엄청나게 노력했어. 그러기 위해 협상 준비도 열심히 했고. 하지만 그게 협상 준비의 전부라고 생각했던 게 실수였지."

"응, 맞아. 우리 협상단끼리는 눈빛만 봐도 통할 줄 알았거든. 근데 그게 아니더라고."

"실제 협상을 하다 보면, 이런 일이 의외로 아주 많아. 다들 상대방을 공략할 생각에, 정작 협상단끼리 같은 목소리를 내려는 노력엔 소홀해. 그래서 협상할 때 우리 편의 어처구니없는 실수에 당황하게 되지."

"흠… 적은 내부에 있다는 뜻이군?"

"하하, 좋은 표현이네. 하지만 다행인 건, 외부의 적을 내 편으로 만드는 것보다 내부의 적을 내 편으로 만드는 게 훨씬 쉽다는 거지. 자, 이제 어떻게 해야 할지 알겠나?"

내부의 적을 없애는 법

협상하다가 가장 화가 날 때가 언제일까? 협상 상대가 나의 제안을 받아들이지 않을 때? 아무리 논리적으로 얘기해도 듣는 척도 하지 않을 때? 그럴 수 있다. 하지만 이건 참을 수 있다. 상대도 나와 같은 것을 갖기 위해 경쟁해야 하는 상황일 수도 있고, 나와 아는 것이 다를 수 있으니까. 어쩌면 협상 상대의 이런 모습은 당연한 것인지도 모른다.

가장 화가 나고 황당할 때는 '내 옆에 앉아 있는 우리 팀'이 이상한 소리를 할 때다. 충분히 더 좋은 조건을 받아낼 수 있는데, "이 정도면 충분합니다"라고 협상을 끝내버린다거나, 절대 양보할 수 없는 조건인데 "그럼 그건 저희가 양보해드리죠"라고 멋대로 통 큰 제안을 해버리는 식. 이럴 땐 정말 어찌할 도리가 없다. '일수불퇴', 소위 '낙장불입'의 원칙은 협상장에서도 통하기 때문이다.

그래서 많은 협상 전문가들은 말한다. 중요한 협상을 앞두고 있다면 무엇보다 '준비'가 중요하다고. 많은 협상책에서도 다양한 준비 방법을 소개한다. 협상 단계를 '시작□탐색□제안□마무리' 등 시간 순으로 구분해 상황에 따른 체크 리스트를 제공하기도 하고, 효과적인 제안을 위한 단계가 필요함을 강조하기도 한다. 또 협상팀의 마지노선을 정하고 이를 지키기 위한 양보 전략도 설명한다. 이들 모두 필요한 방법이다. 하지만 이들은 협상의 각 요소들을 개별적으로만 설명한다는 아쉬움이 있다. 제대로 된 협상 준비를 위해서는 체계적으로 정리된 툴이 필요하다. 우리가 몸담고 있는 HSG 휴먼솔루션그룹 가치협상스쿨에서는 실전 협상에 적용해야 할 핵심요소들을 한 장에 정리할 수 있는 툴을 개발해 활용하고 있다.

그런데 이런 얘기를 하면 어떤 사람들은 반문한다. "협상 준비? 필요 없어요. 제가 이미 수도 없이 협상을 해봤는데, 다 거기서 거기예요. 노하우가 중요한 거지, 준비는 시간 낭비예요."

충분히 가질 수 있는 의문이다. 그런데 미안한 얘기지만, 이런 생각은 틀렸다. 이는 많은 협상 전문가들의 공통된 의견이다. 미국에서 진행된 설문조사 결과[40]를 보자. 협상을 '직업'으로 삼고 있는 사람들에게 물었다.

"협상을 잘하기 위해 가장 중요한 자질이 뭔가요?"

결과가 어땠을까? 우리가 중요하다고 생각하는 '협상 경험', 즉 노하우는 20개 항목 중 19위에 그쳤다. 가장 중요한 것은 바로 '준비'였다. 협상 이슈에 대한 지식(2위)보다, 많은 협상 교육에서 강조하는 경청(4위)보다, '준비'를 더 중요하다고 생각한 것이다.

협상에서 준비의 중요성, 공감이 되는가? 그럼 도대체 뭘 준비해야 할까? 이 질문에 대해 우리가 찾은 답은 바로 'ANT ACE Negotiation Tool'다. 협상 3.0의 핵심 개념인 행동Action, 인식Cognition, 감정Emotion, 이 3가지를 만족시켜 협상 3.0을 이뤄내기 위한 준비 양식이다. ANT를 어떻게 활용할 수 있는지 좀 더 구체적으로 살펴보자.

A.N.T.(ACE Negotiation Tool)

구분			나	상대
안건(Agenda)				
요구(Position)				
행동	욕구 (Needs)	내가 던질 질문		
		고려해야 할 히든메이커		
	창조적 대안 (Creative Option)	내기 걸기(Bet)		
		더하고 쪼개기 (Add&Chop)		
		우선순위에 따라 교환하기 (Exchange)		
인식	객관적 기준(Standard)			
	배트나 (BATNA)	현재		
		개발		
	앵커 (Anchor)	첫 제안 (Initial Offer)		
		최종 제안 (Final Offer)		
		논리와 근거 (L&G)		
감정	미러링 포인트 (Mirroring Point)			
	안건 진행 순서			

나보다 중요한 것은 상대방이다

ANT의 가장 윗줄, '구분' 항목을 보자. 세로열에 행동, 인식, 감정의 각 요소들이 나열돼 있다. 이를 채우는 것이 중요한 협상 준비다. 그런데 가로를 보면 의문이 생긴다. '나'를 쓰는 건 알겠는데 '상대'? 상대의 협상까지 준비하라는 얘기인가? 이 칸에는 무슨 내용을 써야 할까?

협상은 나 혼자 머리를 써서 답을 찾아가는 수학 문제 풀이가 아니다. 나와 상대가 끊임없이 커뮤니케이션하면서 공통의 문제를 해결하는 과정이다. 그래서 상대의 입장까지 같이 생각해보는 것이 중요하다. 상대의 요구사항이 뭔지, 그의 욕구는 어떤 건지, 어떤 배트나가 있을지에 대해 협상장에 들어서기 전에 충분히 고민해봐야 한다는 뜻이다. 그래서 협상 준비를 많이 해본 사람일수록, 나의 부분보다 상대의 부분에 훨씬 더 많은 내용을 채운다. '내가 뭘 원하는가'보다 '상대가 원하는 것' 그리고 '상대의 상황'을 아는 것이 협상을 훨씬 유리하게 만들어주기 때문이다.

그래서 나만이 아닌 상대의 협상 상황도 함께 적어야 한다. 그럼 ANT에 대해 본격적인 설명으로 들어가 보자.

안건을 명확히 하라

모든 협상은 '이번 협상의 주요 안건이 무엇인가'를 결정하는 것에서 시작한다. 그리고 그 내용을 '안건' 칸에 적는다. 예를 들어보자. 구매 협상을 앞두고 있다면, '가격을 낮추는 것' '최대한 많은 물량을 확보하는 것' 등의 안건이 쉽게 떠오른다. 그런데 과연 이것뿐일까? 만약 이번 협상 상대가 처음 거래하는 업체라면 '품질 검증'이 중요한 이슈가 될 수도 있다. 혹은 외국에서 생산된 물건을 구매하는 것이라면 '환율 문제'가 이슈가 될 수 있다. 이처럼 이번 협상의 주요 안건이 무엇인지를 명확히 하고, 같은 협상 멤버들과 공유해야 한다.

요구를 정리하라

앞에서 정한 안건에서 내가 요구하는 것을 적는다. 최대한 구체적일수록 좋다. 가격 문제라면 '개당 단가'인지, '전체 합산 가격'인지 등을 명확하게 밝히는 식이다. 이처럼 요구 내용을 명확히 할 때 팀원들 간에 이견이 줄어든다. 그리고 상대가 무엇을 요구할지도 반드시 고민해봐야 한다. 우리의 요구 조건과 얼마나 크게 차이 나는지에 따라 이번 협상의 난이도를 예측해볼 수 있다.

욕구를 파악하라

이제 상대의 행동을 바꾸기 위한 준비단계다. 욕구를 안다는 것은 협상을 풀어가기 위해 가장 중요한 요소를 정리하는 것이라 할 수 있다. 니즈의 첫 번째 요소는 바로 '내가 던질 질문'이다. 나의 니즈를 아는 것만큼 상대의 니즈를 아는 것이 중요한데, 이를 아는 가장 쉬운 방법이 바로 질문이기 때문. 그래서 질문도 준비를 해야 한다. 그리고 다음으로 '히든메이커', 즉 협상장에 직접 나오진 않지만 나의 협상 상대를 움직일 수 있는 또 다른 사람을 찾아봐야 한다.

'히든메이커' 부분에서는 상대의 히든메이커를 찾는 것과 함께 나의 히든메이커도 생각해봐야 한다. 당신의 협상 상대가 협상의 고수라면, 당신을 움직일 수 있는 제3의 인물을 만나 이미 손을 써 놨을 수도 있기 때문. 중요한 협상일수록 당신 주변인에 대한 관리 역시 협상 준비 단계에서 꼭 필요하다. 이렇게 질문을 정하고 히든메이커를 파악해서 나온 상대의 욕구를 정리해 '욕구' 칸에 적어둔다.

창조적 대안을 만들어라

양측의 욕구가 파악됐다면, 이제 대안을 만들어야 한다. 창조적 대안 부분에서 주목해야 할 것은 나와 상대의 영역을 구분하는 칸이 없다는 것. 당연한 얘기지만, 대안은 양측 모두 만족해야 한다. 나의 요구나 욕구만 만족하는 대안은 창조적 대안으로서의 가치가 없다.

그래서 나와 상대의 구분 없이 칸이 통합되어 있다.

ANT에서 창조적 대안은 3개 행으로 구분되어 있다. 상대와 '내기'를 거는 방식Bet, 새로운 안건을 더하거나Add 협상 안건의 속성을 쪼개Chop 대안을 만드는 방식, 다양한 안건을 우선순위에 따라 교환하는Exchange 방식 등, 협상 상황에 맞는 창조적 대안을 만들어보는 준비가 필요하다.

객관적 기준을 찾아라

이제 '인식' 부분이다. 똑같은 결과라도 상대가 '만족스럽다'고 느끼게 하기 위해서는 인식을 바꾸는 것이 아주 중요하다. 그 첫 번째가 바로 '객관적 기준'이다. 협상이 흥정으로 가지 않게 하려면 기준을 정해 협상에 임해야 한다. 나에게 유리한, 하지만 상대가 받아들일 수 있을 만한 다양한 기준을 찾아보라. 그리고 상대는 나에게 어떤 전례 등을 활용해 기준을 제시할지도 고민해보자.

배트나를 파악하라

협상력을 좌우하는 가장 큰 변수인 배트나. 이 칸은 2개로 구분돼 있다. '현재'와 '개발'이다. '현재' 칸에는 내가 별 노력을 하지 않아도 활용할 수 있는 대안을 써넣는다. 만약 그 대안이 아주 강력한 것이라면 그다음 칸에 대한 고민은 하지 않아도 된다. 하지만 이런 행운은 쉽게 찾아오지 않는다. 그래서 '개발'을 생각해야 한다. 앞서 배트나는 개발하는 것이라고 설명했다. 주변 상황을 바꾸거나 나의 역량을 키우는 등의 노력을 통해 개발할 수 있는 배트나를 준비해야 한다.

ANT에서 배트나에 대한 내용을 정리할 때는 상대의 칸에 대한 고민도 아주 중요하다. 상대가 현재 어떤 배트나를 갖고 있느냐에 따라 협상 속도를 결정할 수 있고, 그 대안을 어떻게 무력화시킬 것인지도 고민할 수 있기 때문이다. 그뿐 아니라 상대가 개발할 가능성이 있는 배트나를 사전에 차단할 수도 있다. 이처럼 협상 준비는 나의 입장에서만 하는 것이 아니라, 끊임없이 상대의 입장이 되어보는 과정이다.

앵커Anchor를 활용하라

협상에서는 '어떻게 제안하느냐'가 아주 중요하다. 첫 제안을 통해 상대의 인식에 닻Anchor을 내리는 효과를 얻어 유리한 협상을 만들 수 있기 때문이다. 그리고 협상 멤버들 간에 최종 제안Final Offer을 어떻게 할 것인가 역시 결정해야 한다. 이는 협상에서 양보할 수 있는 마지노선을 정하는 것과 마찬가지다. 이에 대한 합의가 안 되어 있으면, 누구 하나의 실수로 과도한 양보를 해버릴 수도 있다.

마지막 칸은 L&G Logic & Grounds, 즉 논리와 근거를 적는 칸이다. 상대가 나의 제안을 받아들일 수밖에 없게 만드는 다양한 자료를 적어본다. 만약 L&G에 적을 내용이 빈약하다면, 이번 협상에서 내가 과도하게 원하고 있는 것은 아닌지 생각해봐야 한다. 근거 없는 요구는 '이상'일 뿐, 현실에서는 이뤄질 수 없음을 기억하라.

미러링 포인트 Mirroring Point를 찾아라

이제 ACE의 마지막, 감정 부분이다. 감정을 만드는 것도 준비해야 하냐고? 당연하다. 맘에 드는 이성에게 호감을 주기 위해 얼마나 많은 준비를 하는가. 당신의 협상 상대는 '뭘 해도 예쁘다고 말해주는, 손주를 바라보는 할머니'가 아님을 기억하라.

상대가 나에게 좋은 감정을 갖게 하려면 '같은 점'을 찾는 게 가장 쉽다. 고향, 학교, 취미 등 아주 사소한 것이라도 좋다. 같은 점을 얘기해 상대의 마음에 쌓여 있는 '긴장의 담장' 높이를 낮춰주는 것, 그것이 협상 3.0의 시작이다.

협상 안건의 진행 순서를 정하라

마지막은 맨 처음, 안건 얘기로 다시 돌아온다. 앞서 나온 다양한 안건들 중 어떤 것을 먼저 할지 우선순위를 정하는 것. 원칙은 '쉬운 것부터'다. 그래서 상대가 '이 협상 잘 풀리겠구나'라는 생각을 갖도록 만들어야 한다.

이상에서 ANT의 각 항목이 어떤 의미가 있는지, 무슨 내용을 채워야 하는지에 대해 설명했다. 여기에 2가지 주의사항이 있다. 첫째는 '모든 칸을 채워야 한다는 부담을 버리라'는 것. 아무리 생각해도 창조적인 대안이 나오지 않을 수 있다. 그럴 땐 그 부분은 넘기고 다른 준비에 더 힘을 기울이면 된다. 둘째는 협상 전에 ANT를 한 번 적었다고 이를 '금과옥조'로 생각할 필요는 없다는 것. 협상을 하다 보면 상대가 전혀 예상치 못했던 요구를 해올 수도 있고, 준비할 땐 미처 몰랐던 배트나가 나타날 수도 있다. 그럴 땐 망설이지 말고 ANT를 수정해야 한다.

기억하라. ANT를 쓰는 목적은 '빈칸 채우기'가 아니라 더 나은 협상 결과를 만드는 것이다.

이제 비즈니스 협상 상황을 가정해 ANT를 실제로 작성해보자.

기업을 사고파는 M&A 협상 상황이다. 당신은 회사의 CEO다. 그동안 젊음을 바쳐 회사를 키워왔고, 노년이 되어 이제 경영 일선에서 물러나 노후를 즐기고 싶다. 그래서 회사를 매각하기로 결정했다. 매각해서 얻은 돈으로 50억 원 정도의 부동산을 구입해 노후 자금으로 삼으려고 생각 중이다. 그러던 차, 젊은 경영인 하나가 당신의 회사에 관심을 보이고 있다. 평가 회사의 실사 결과, 당신의 회사는 65억 원 정도의 가치가 있는 것으로 조사됐다. ANT를 꺼내 협상 준비를 해본다.

첫 번째, 안건. 여기엔 '회사 매각 가격'이라고 쓰면 된다. 상대, 즉 매입자의 안건 역시 마찬가지다.

둘째, 요구. 당신은 적어도 65억 원은 받고 싶다. 들리는 소문에 의하면 상대는 50억 원 정도로 생각하고 있다고 한다. 결코 받아들일 수 없는 조건이지만, 일단 상대의 포지션에는 50억 원이라고 적는다.

셋째, 이제 욕구로 들어간다. 여기서부터가 중요하다. 당신은 상대에게 무슨 질문을 던져야 할까? 예를 들면 이런 것이다. '어떤 기준으로 저희 회사 가치를 평가하셨나요?' '대금 지급은 어떻게 하실 생각이죠?' '회사를 어떤 방향으로 경영하실 생각입니까?' 등. 이런 질문을 통해 상대의 욕구를 파악할 수 있다. 그다음은 히든메이커. 상대를 움직일 수 있는 제3자는 누구일까? 상대와 거래 관계가 없어 딱히 생각나는 사람이 없다. 그럼 나의 히든메이커를 생각해봐야 한다. 그러던 차 불현듯 노조가 떠올랐다. 회사가 매각된다고 하면 노조에서 동요할지 모른다. 그리고 상대는 이를 활용해 회사의 매입가격을 낮추려 할지 모른다. 일단 노조위원장과 미팅 일정을 잡는다. 앞의 질문과 히든메이커를 파악해 니즈를 정리해본다. 당신의 니즈는 '젊음을 바친 것에 대한 보상' 그리고 노후를 위해 계획 중인 '부동산 투자금 50억 원 확보'다. 그럼 상대의 니즈는? 직접 만나봐야 알겠지만, 회사의 재정 건전성에 대해 염려할 수도 있다. 혹은 당신이 경영에서 손을 떼면 당신 회사의 협력업체들이 떠날지도 모른다고 걱정할 수도 있다.

넷째, 창조적 대안을 만들어본다. 먼저 내기. 무슨 내기를 걸 수 있을까? 예를 들어 회사 자산건전성에 대해 걱정하고 있다면, '회사 매각 전에 발생한 부실 자산에 대한 비용은 추후 정산을 통해 돌려준다'는 식의 조건을 걸 수 있다. 매각 대금 지불 방법을 쪼개Chop보는 건 어떨까? 예를 들어, 당신에게 일단 필요한 돈은 50억 원이다. 그러니 일단 50억 원을 받고, 15억 원은 회사에 투자하는 것으로 계약하는 것이다. 이렇게 되면, 상대인 매입자가 걱정하는 '협력업체 이

탈'도 막을 수 있다. 물론 투자금 15억 원은 3년 후 이익금과 함께 돌려받는다. 이 정도의 창조적 대안을 생각해본다.

다섯째, 객관적 기준이다. 당신 회사와 자산 규모가 비슷한 회사가 한 달 전에 매각됐다. 당시 가격은 68억 원이었다. 물론 당신 회사와 사업 분야는 달랐지만, 이를 기준으로 제시할 생각이다. 상대는 무슨 기준을 제시할까도 고민해봐야 한다. 상대는 동종업계 상장 회사 주가를 기준으로 매입 가격을 제안할지도 모른다. 당신 회사가 속해 있는 업종은 주가가 저평가되는 경향이 있기 때문이다. 주가가 갖는 한계에 대한 설명 자료를 준비해야겠다고 적어둔다.

여섯째, 배트나. 현재 내가 갖고 있는 대안은, 아쉽게도 없다. 전문 경영인을 영입하는 정도가 떠오르는 대안이다. 그럼 개발을 해야 한다. 회사에 대해 걱정하지 않고 노후를 그저 즐기려면? 노조를 설득하는 게 이슈가 될 순 있지만, 사업부별 분할 매각을 고려해볼 필요도 있겠다. 상대의 배트나는 뭘까? 현재 당신 회사 규모의 60% 정도인 회사도 M&A 시장에 나와 있다. 이 업체로 방향을 틀 수도 있을 것 같다.

일곱째, 앵커. 최초 제안은 68억으로 하는 게 좋겠다. 한 달 전의 전례가 있으니까. 최종 제안은 '50억 원+α'로 정한다. 무슨 수를 써서라도 최소 50억 원은 필요하다. 그럼 이를 위한 L&G, 즉 논리가 필요하다. 당신 회사는 이 업계에서 평판이 아주 좋다. '뒷돈 없는' 깨끗한 거래를 하기로 유명하다. 이 덕분에 수많은 수상 실적을 갖고 있다. 이를 활용해 유사 업체보다 프리미엄의 가치가 있음을 어필할 계획이다.

이제 마지막을 향해 간다. 미러링 포인트. 당신 회사에 관심을 갖는 젊은 경영인을 보니, 꼭 당신의 젊은 시절을 보는 것 같다. 그때의 열정, 패기가 살아나는 것 같아 다시 젊어지는 느낌이다. 매각 가격도 중요하지만, '경영'이라는 것을 고민해본 동지로서 이런 얘기를 먼저 나누면 좋을 것 같다.

마지막, 협상 안건 순서. 이번 협상에서는 일단 매각 가격만 이슈로 나왔다. 그래서 순서를 정할 필요는 없다.

이렇게 완성된 표는 오른쪽과 같다.

주사위는 던져졌다. 이렇게 준비한 표를 가지고 상대와의 협상에 나선다!

ANT와 같은 협상 준비 툴의 중요성은 몇 번을 강조해도 지나치지 않다. 특히 규모가 큰 협상, 그래서 다양한 이해관계를 가진 사람들이 함께 협상하는 상황이라면, ANT와 같은 툴을 활용해 모든 협상 멤버들이 사전에 '하나의 생각'을 갖도록 만들어야 한다. 그뿐 아니

A.N.T.(ACE Negotiation Tool)

구분			나(매각자)	상대(매입자)
	안건(Agenda)		회사 매각 가격 높이기	회사 매각 가격 낮추기
	요구(Position)		65억 원	50억 원
행동	욕구 (Needs)	내가 던질 질문	회사를 어떤 방향으로 키울 생각인지? 대금 지급 조건은 어떻게 생각하는지?	
		고려해야 할 히든메이커		노조
			젊음에 대한 보상, 노후 대비 자금(50억) 확보	재무건전성 확인, 협력업체 유지
	창조적 대안 (Creative Option)	내기 걸기(Bet)	회사 매각 전 발생한 부실자산을 돌려준다	
		더하고 쪼개기 (Add&Chop)	50억 원 받고, 15억 원은 회사에 투자, 3년 후 투자금과 이익금 환수	
		우선순위에 따라 교환하기 (Exchange)		
인식	객관적 기준(Standard)		유사 기업 매각 가격	동종업계 상장기업 주가 기준
	배트나 (BATNA)	현재	매각하지 않고 전문경영인 영입	유사업체 매입
		개발	사업부별 매각	
	앵커 (Anchor)	첫 제안 (Initial Offer)	68억 원	45억 원
		최종 제안 (Final Offer)	50억 원 + α	55억 원
		논리와 근거 (L&G)	거래처와의 우호적 관계, 수상 내역	
감정	미러링 포인트 (Mirroring Point)		젊은 시절 자신의 모습	
	안건 진행 순서			

라 툴을 정리하면서 기존에 생각하지 못했던 협상 3.0의 주요 개념을 체크할 수 있다. 툴을 활용한 준비, 물론 힘들다. 하지만 그만큼, 아니 노력보다 훨씬 더 큰 가치를 가져다줄 것임을 확신한다.

'메이저리그 마지막 4할 타자', 테드 윌리엄스. 그가 한 얘기로 이번 장을 마무리하고자 한다.
"사람들은 내가 천부적인 재능과 좋은 시력 덕분에 타자로 성공할 수 있었다고 말한다. 그들은 내가 연습에 연습을 거듭한 것에 대해서는 결코 언급하지 않는다."
협상을 잘하고 싶은가? 그렇다면 준비하라. 그것만이 답이다.

이 것 만 은 !

실수의 여지를 만들지 마라

1. 준비, 또 준비하라

경기에서 승리하려면? 충분한 연습만이 답이다. 협상도 마찬가지다. 연습도 하지 않은 채 좋은 결과를 기대하는 건 지나친 욕심이다.

2. 협상, 생각을 맞춰라

내 옆에 앉은 사람이 도움은커녕 방해만 하고 있다면? 불평하기 전에 먼저 생각을 맞춰라. 유용한 툴을 활용해 철저히 준비하는 과정이 핵심이다.

실전은

한 번뿐이다

10

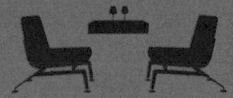

아무리 밤새워 철벽같이 준비했어도 실제 협상에 제대로 적용하지 못하면 무용지물이다. 아무리 뛰어난 전략을 세웠어도, 결과가 보잘것없다면 어디서 그 노력을 보상받겠는가? 협상 경험이 부족하고 노하우가 없어 불안하다면, 다양한 협상 사례를 살펴보고 이미지 트레이닝을 해보는 게 도움 될 것이다. 이 장에서는 협상의 실전을 훈련해보자.

아무리 지식과 경험이 풍부한 사람이라도, 아무리 사전에 철저히 준비해도, 실전에서 제대로 활용하지 못하면 무용지물이다. 그래서 이 장에서는 3개의 실전 협상 케이스를 제시했다. '타산지석', 즉 다른 협상 사례를 연구함으로써 나의 실전 협상력을 높일 수 있기 때문이다.

여기에 제시된 사례들은 모두 실제 비즈니스 협상 케이스를 바탕으로 하고 있으며, 이해를 돕기 위해 약간의 가공을 거쳤다. 이들 사례를 분석해 나에게 부족한 협상 노하우를 쌓을 수 있을 것이다.

각각을 읽어보고, 실전에서 무엇을 중요하게 고려해야 하는지, 특별히 조심해야 할 점은 무엇인지, 상대의 압박이나 사술에 어떻게 대처해야 하는지 고민해보자. 각각의 케이스에 대해 당신만의 ANT를 작성해보는 것도 도움이 될 것이다.

Case 1.
관계를 망치지 않는 협상법

"참으로 신뢰할 수 없는 분이군요. 이익을 위해서라면 신의는 헌신짝처럼 버려도 된다는 게 당신네 회사의 경영철학입니까?"

외국계 할인점 '세일킹'의 나다혈 상무가 서툰 한국말로 소리를 버럭 지른다.

협상 테이블 맞은편에 앉아 있던 대박코리아의 김토종 부사장. 어쩔 줄 몰라 하며 연신 '죄송하다'는 말만 되풀이하고 있다.

재미교포 3세인 나다혈 상무가 화가 난 이유는 이렇다.

주방용품 제조업체인 대박코리아는 지난해 세일킹과 계약을 맺었다. 대박코리아의 히트상품인 '만능요리사'를 국내 1위 외국계 할인점 업체인 세일킹에 독점 공급하기로 한 것.

하지만 두 달 전부터, 만능요리사가 인터넷쇼핑몰인 '빽조아'에서도 판매되고 있다는 사실을 확인했다. 대박코리아가 독점공급 계약을 어긴 셈이다.

"정말 죄송합니다 상무님. 저희 내부적으로 그럴 수밖에 없는 사정이 있었습니다. 사실 빽조아 인터넷쇼핑몰 사장이 저희 회장님의 조카입니다. 그쪽에서 하도 부탁을 해서 아주 소량만…."

식은땀을 흘리며 상황을 설명하는 김 부사장을 향해 나다혈 상무가 다시 호통친다.

"됐어요. 그런 구질구질한 변명이나 들으려는 게 아닙니다. 이건 엄연한 비즈니스입니다. 계약 위반 소송을 걸겠습니다."

나다혈 상무는 이번 기회에 대박코리아의 '군기'를 확실히 잡겠다고 작정했다. 사실 세일킹의 CEO는 '이번 사건이 계약 위반이긴 하지만, 워낙 소량이고 만능요리사가 초대박 상품인 만큼 좋은 선에서 타협하라'는 지침을 내렸다. 하지만 나 상무는 생각이 달랐다. 앞으로 더 좋은 납품 조건을 얻어내기 위해 '강하게' 나가기로 한 것.

그런데 '소송'이란 말을 듣자마자 갑자기 김토종 부사장의 낯빛이 달라진다. 목소리는 차가워진다.

"소송? 좋습니다. 한번 해봅시다. 오늘 이 순간부터 세일킹과의 모든 거래를 끊겠습니다. 협상이고 뭐고 그만둡시다. 이만 가보겠습니다."

자리에서 벌떡 일어나 갑자기 짐을 챙기기 시작하는 김 부사장.

김 부사장의 돌출행동에 전세는 역전됐다. 당황한 것은 오히려 나다혈 상무. '사장님의 지시를 따르기 위해선 어떻게라도 김 부사장을 협상 테이블에 다시 앉혀야 하는데….'

양측의 감정적 충돌이 극에 달한 상황. 더 이상의 협상은 불가능해 보인다. 이번 협상, 대체 뭐가 문제일까?

Answer 1 • 같은 단어도 문화에 따라 다르게 해석된다

앞의 사례에서 김토종 부사장은 '소송'이라는 말을 듣자마자 협상을 깨려 했다. 반면 재미교포 3세인 나 상무는 이런 김 부사장의 '돌발행동'에 크게 당황했다. 왜 이런 일이 일어났을까?

답은 상대의 문화를 제대로 이해하지 못했기 때문이다. 협상 테이블에선 똑같은 단어도 문화에 따라 다르게 해석된다. 동양 문화권에서 '누가 나에게 소송을 건다'는 것은 어떻게 해석되는가? 한마디로 '갈 때까지 가보자'는 얘기다. 정상적인 관계의 종말을 뜻한다. 우리 대代에서 해결되지 않으면 자식 대代까지 갈등이 이어진다. 반면 나 상무가 자란 미국에서 소송은 다른 의미로 사용된다. 소송을 하겠다는 것은 '내가 그만큼 이번 사안에 대해 자신 있다'는 것을 증명하는 수단으로, 강력한 의사표현 방식의 하나일 수 있다. 미국에서 예컨대 100건의 소송이 접수됐다고 가정하자. 이 가운데 법원 판결까지 가는 경우는 몇 건이나 될까? 채 5건이 되지 않는다. 나머지 95건은 대화와 타협을 통해 해결된다.

그런데 이렇듯 문화적으로 다른 맥락을 이해하지 못해 협상을 망치고, 양측 모두 막대한 출혈만 내다가 끝난 사례가 있다. 지난 1976년 있었던 소니와 MCA(유니버설 영화사의 모기업)사의 협상 사례가 바로 그것.

당시 소니와 MCA는 비디오디스크를 공동으로 개발하고 있었다. 비디오디스크란 재생은 되지만 녹화기능은 없는 장치. 개발 협상이 한창이던 당시, MCA사는 소니가 비디오디스크보다 한 단계 진화된, 녹화 기능이 포함된 VCR을 독자적으로 개발하고 있다는 정보를 입수했다. 쉐인버그 회장은 녹화 기능이 있는 VCR은 미국의 저작권법에 위배될 수 있다는 사실에 착안, 소니의 모리타 회장에게 이렇게 말했다.

"소니가 VCR 개발을 계속한다면 소송할 수밖에 없습니다."

이런 '기습 공격'을 통해 앞으로 VCR 개발도 함께하고, 협상에서 좀 더 유리한 위치를 차지하겠다는 게 쉐인버그의 노림수였다. 하지만 결과는 참담했다. '소송'이라는 말에 화가 난 모리타 회장은 즉시 MCA와의 모든 비즈니스 관계를 중단했다. 결국 두 회사는 장장 11년이나 소송을 진행하며 수백만 달러를 날렸다. 상대의 문화적 차이를 이해하지 못해 벌어진 낭비였다.

협상에서는 이처럼 협상 상대방의 '문화적 문맥Context'을 이해하는 것이 중요하다. (2장 '익숙함으로 다가가라' 참조)

당신이 국제 협상에서 상대 제안에 대해 "Hopefully yes"라는 표현을 사용했다고 치자. 미국 사람들은 이를 '아마 괜찮을 겁니다'라는 긍정적 의미로 받아들인다. 반면 똑같은 말이 영국 사람에겐 '거의 불가능한데…'라는 부정적 의미로 이해된다. 상대의 문화적 배경이 무엇이냐에 따라 전혀 다르게 해석되는 셈이다.

Answer 2 • 관계를 살리려면 아이 메시지I-Message를 써라

화가 난 상태에서 협상가들이 흔히 저지르는 실수가 있다. 바로 유 메시지You-Message를 쓰는 것. 유 메시지란 뭔가? 말 그대로 '너', 즉 상대의 '행동'이나 '정체성'에 대해 내가 평가하는 대화법이다. "당신은 너무 이기적인 것 같아요." "그런 제안을 하다니, (당신은) 너무 비상식적이네요."

이런 화법은 협상 테이블에서는 피해야 한다. 특히 앞으로 지속적인 비즈니스 기회가 남아 있는 '관계 중심'의 협상에선 더욱 그렇다. 좋은 협상가는 상대를 평가하지 않고 그 제안에 대한 '나'의 느낌을 표현하는 아이 메시지I-Message 화법을 사용한다. (3장 '이슈와 관계를 분리하라' 참조)

앞의 사례에서 나다혈 상무는 계약을 위반한 김 부사장에게 "(당신은) 신뢰할 수 없는 사람"이라는 유 메시지를 사용했다. 앞으로 두 번 다시 안 볼 사람에겐 이렇게 말해도 된다. 하지만 앞으로의 관계가 중요한 협상 상대에겐 이렇게 말하면 안 된다. 내 행동의 배경(회장님의 지시)에 대해 정확히 알지도 못하면서 상대가 나의 정체성을 규정한다면 기분이 좋겠는가? 관계의 첫 단추부터 잘못 끼워진 셈이다.

나 상무의 말을 아이 메시지로 바꿔보자. 아이 메시지에서 3단계는 꼭 지켜야 한다. 우선 상대가 제안한 내용을 정리해서 말하는 '사실Fact', 다음은 그것에 관해 내가 느끼는 '감정Feeling', 마지막은 이 말을 하는 나의 '의도Intention'다.

"대박코리아가 독점 공급 약속을 지키지 않았고, 이는 엄연한 계약 위반입니다.(사실) 이에 저희 회사 경영진은 실망과 분노를 느낍니다.(감정) 이 문제에 대한 대박코리아 측의 합리적인 해결방안을 듣고 싶습니다.(대화의 의도)"

어떤가? 상대의 감정을 해치지 않으면서도 얼마든지 내 의사를 분명하게 전달할 수 있지 않은가?

좀더 일상적인 예를 들어보자. 새벽 2시, 오늘도 남편이 전화 한 통 없이 술에 취해 들어왔다. 남편의 나쁜 버릇을 고치기 위해 어떻게 협상할 것인가?

"지금 몇 시예요? 어떻게 연락 한 통 없을 수 있어요? 당신은 너무 배려심이 없어요!"

아마 당신과 남편의 대화는 거기서 끝날 것이다. 하지만 이 상황에서 "당신이 늦게 들어오니까(사실) 내가 걱정되고 불안하잖아요.(감정) 다음엔 꼭 미리 전화 줘요(의도)"라고 말한다면 어떨까?

이런 방식을 협상학에서는 '이슈와 인간관계를 분리하라'는 말로 표현한다. 협상 테이블에서 협상 이슈에 대해서는 거칠게 나가도 좋다. 하지만 인간관계는 부드럽게 만들어야 한다. 이를 위한 기본적인 화법이 바로 아이 메시지다.

Answer 3 • 다른 거래 조건들을 끌어들여 협상 판부터 키워라

독점 공급 조항을 어겼기 때문에 갈등이 심각해진 상황. 이 협상을 어떻게 해야 서로 만족하는 결과로 마무리할 수 있을까?

서로 양보할 수 없는 어젠다로 부딪칠 때는 다른 어젠다를 협상 테이블에 올려놔야 한다. 독점 공급이라는 하나의 파이에만 집착하지 말고 납품 가격, 물량, 대금 지불 조건 등 다른 거래 조건을 '협상거리'로 만들라는 뜻이다. 이것이 바로 붙이기Add를 활용한 협상이다. 이를 다른 말로 '어젠다 확장 전략'이라고도 부른다. (8장 '안건을 더해 파이를 키워라' 참조) 좋은 협상가는 항상 새로운 어젠다를 창조한다. 가능한 한 많은 어젠다를 협상 테이블에 올려놓은 뒤 서로에게 중요한 가치를 주고받는다.

앞의 사례로 돌아가 보자. 이렇게 하면 어떨까? 세일킹 측은 대박코리아가 빽조아 쇼핑몰에 한해 정해진 물량만큼만 물건을 공급하도록 허락한다. 그 대신, 다른 히트상품들에 대해 독점판매권을 갖고 납품 단가를 낮춰달라고 요구한다. 이처럼 어젠다를 확장하면 각자 원하는 걸 더 많이 얻으면서도 양측 모두가 만족하는 협상을 만들 수 있다.

좋은 협상가란 어떤 사람일까? 내가 원하는 협상 결과만 얻어내는 사람? 아니다. 협상 결과는 물론이고 협상이 끝난 뒤 상대의 마음까지 얻을 수 있는 사람이다. 상대 문화에 대한 이해, 관계를 해치지 않는 대화법, 협상의 파이를 키울 수 있는 능력. 이 3가지 '무기'만 장착해도 당신은 협상 테이블에서 불필요한 '인간관계 훼손'을 막을 수 있을 것이다.

∴ Case 2.
상대가 친 덫을 역이용하라

"그동안 격월로 해왔던 품질검사를 매달 하면 어떨까요?"
'어라, 이게 웬 떡? 내가 괜한 걱정을 했나?'

국내 1위 식품 회사 '맛나킹'의 나고수 상무와 재계약 협상을 앞두고 잔뜩 긴장해 있던 '천사식품'의 최순진 사장은 큰 짐을 하나 내려놓은 기분이다. 맛나킹 측에서 단가를 깎자고 하면 어떡하나 전전긍긍하던 최 사장. 그런데 상대가 '품질검사'라는, 의외로 쉽게 받아들일 수 있는 이슈로 협상을 시작했기 때문이다.

"나 상무님, 그건 걱정 마십쇼! 식품 업계에서 품질검사는 기본 아니겠습니까? 하하."

"그리고, 원재료 구입처가 바뀔 때에는 저희 맛나킹과 합의한 후에 진행해주실 수 있죠?"

"그러죠 뭐, 크게 어려운 것도 아니네요. 흐흐."

"좋습니다, 최 사장님. 내년에도 저희랑 함께하셔야죠!"

"정말요? 저희야 좋죠! 감사합니다!"

물 흐르듯 진행되는 협상에, 최순진 사장은 '재계약'이라는 고지의 8부 능선을 넘은 것 같은 느낌이다. '이렇게 협상이 잘 풀리다니… 올해 재수가 좋다는 점쟁이의 말이 틀리지 않았구나!'

그런데 웬걸! 맛나킹의 나고수 상무가 갑자기 여러 요구 조건을 쏟아내기 시작한다.

"다른 안건들은 다 타결된 것 같네요. 협상 시간도 줄일 겸, 나머지 내용들은 한 번에 제안 드리죠. 첫째, 납품 주기를 격주에서 매주

1회로 늘려주시기 바랍니다. 둘째, 납품 단가는 현재보다 10% 인하해 주십시오. 셋째, 운송비 부담을 작년까지는 반반으로 했는데, 올해부터 저희 부담은 30%로 낮춰주셨으면 합니다."

순간 최순진 사장은 머릿속이 하얘진다. 대체 어떤 요구 조건부터 협상해야 할지 막막해진다.

"어, 상무님… 글쎄요… 조금만 생각할 시간을 주시죠."

최순진 사장의 셔츠가 식은땀으로 물든다. 지난해 겨우겨우 따낸 맛나킹과의 거래인데, 재계약도 못하고 1년 만에 납품이 중단된다면? 그건 악몽이었다.

그때, 5분 정도의 정적을 깨고 맛나킹의 나 상무가 먼저 말을 꺼낸다.

"좋습니다. 사장님과의 인연을 생각해서… 저희가 납품 주기와 운송비 조건 요구는 철회하겠습니다. 대신, 납품 단가는 저희 요구를 들어주시죠?"

3가지 중에 2개나 양보하겠다는 상대의 '통 큰' 제안에 최 사장은 덜컥 그의 제안을 받아들였다. 3가지 요구 중에 2개는 내 뜻대로 되지 않았는가? 손해 보는 장사는 아니라고 생각했다. 하지만 협상을 끝내고 사무실로 돌아온 최 사장은 뭔가 찜찜한 기분이 들었다. 이번 협상, 뭐가 잘못됐나?

Answer 1 • 까다로운 안건부터? 쉬운 안건부터?

최순진 사장이 상대의 마지막 제안을 쉽게 거절하지 못한 이유는 뭘까? '품질검사' '원재료 구매업체 변경 시 사전통보'처럼 쉽게 동의할 수 있는 안건에 대해 이미 "Yes"라고 대답했기 때문이다. 나 고수 상무가 쓰는 Yes-Set 대화법에 말려든 것이다.

이는 인간의 뇌가 '항상성'을 갖고 있기 때문이다. 인간의 몸이 관성의 법칙에 영향을 받듯이 뇌도 그러한 특징이 있다. 큰 고민 없이 "Yes"라고 답할 수 있는 질문을 계속 받으면 우리 뇌는 'Yes'라는 단어와 친해진다. 그래서 Yes인지 No인지 고민되는 질문에서도 "Yes"라고 답할 확률이 높아진다.

협상을 시작할 때는 항상 상대와 쉽게 타결할 수 있는 안건을 먼저 제안하라. 이를 통해 상대와 나의 생각을 'Yes'로 맞춰라. 이렇게 두 번, 세 번 Yes가 이어지면, 상대는 "No"라고 답하기 쉽지 않다. 내 입장에선 부드러운 분위기 속에서 훨씬 유리하게 협상을 끌고 갈 수 있다. (2장 '작은 Yes가 큰 Yes를 만든다' 참조)

예컨대 노사협상 상황에서 '임금인상률'이라는 가장 까다로운 안건부터 먼저 꺼내는 CEO는 하수 협상가다. 협상 초기에는 노사양측이 서로 "Yes"라는 답변이 쉽게 나올 수 있는 안건부터 다뤄야 한다.

Answer 2 • 미끼 전술의 덫에 걸리지 마라

Yes-Set 대화법으로 분위기를 만든 나고수 상무는 한꺼번에 3가지 제안을 하며 최순진 사장을 코너로 몰았다. 나 상무가 이렇게 많은 제안을 한꺼번에 쏟아낸 이유가 뭘까? 협상 시간을 줄이기 위해서?

아니다. 이는 하나의 전술일 뿐이다. 나 상무가 사용한 방법을 협상학에서 '미끼 전술'이라 부른다. 여러 가지 다양한 안건을 제시해 상대를 혼란스럽게 한 다음, 원래부터 바라지도 않았던 요구 조건들은 철회하고 중요한 한 가지만 얻어내는 기법이다.

앞의 사례에서 나 상무는 '단가 인하'를 얻어내기 위해 '납품 주기' '운송비' 등 애초에 기대하지도 않았던 안건을 한꺼번에 제시했다. 이 미끼들을 통해 정말 중요한 '단가 인하'를 쉽게 얻어낼 수 있었다. '3가지 조건 중에 내가 2개를 양보할 테니, 나머지 1개는 당신이 양보해달라'는 요구를 하면 상대가 받아들일 확률이 높아진다.

이 전술은 실전 협상에서도 자주 사용된다. 노르웨이 선박회사가 국내 모 선박회사를 상대로 한 협상에서도 같은 전략이 사용됐다. 그들은 "첫째, 선박 인도 기간을 6개월 당기고, 둘째, 기존에 사용하던 한국 기업의 엔진이 아닌 노르웨이제 선박 엔진을 사용하라. 셋째, 선급금 비율을 기존 10%에서 30%로 올리고, 넷째, 통상 계약 금액보다 20% 저렴한 가격에 계약하자"는 조건을 한 번에 제시했다. 하지만 노르웨이 회사가 진짜 원했던 것은 '싼 가격'이었다. 이를 위해 다른 조건들을 한꺼번에 엮어 제시했고, 3가지 조건을 양보하는 척하며 싼 가격을 얻어냈다. 한국 선박회사는 협상 타결 후 많은 양보를 얻어냈다는 생각에 만족했지만, 결과적으로는 상대의 미끼 전술에 당한 꼴이었다.

그렇다면 상대가 이러한 미끼 전술을 사용할 때 어떻게 대응해야 할까? 안건의 개수가 아닌 중요도에 따라 양보를 해야 한다. 상대가 내게 2개를 양보했으니 나도 1개는 양보해야 한다는 생각은 버려라. 양보의 양量보다는 질質이 중요한 법이다. 안건 하나하나에 대해 양보할 만한 것인지 꼼꼼히 따져봐야만 미끼전술에 걸려들지 않는다.

앞의 상황에서 최순진 사장이 이렇게 대응했다면 어땠을까? "지금 말씀하신 조건들을 저희가 수용하는 것은 너무 어렵습니다. 하나씩 협상해 나가면서 양측 모두 좋은 방향으로 만들어가도록 하죠. 어떤 조건부터 논의해볼까요?"

당신의 '유능하고 간 큰' 부하직원이 연봉 협상 때 '부서 이동, 연봉 인상, 승진'이라는 3가지 조건을 동시에 제안한다면? 이는 미끼전술일 가능성이 높다. 연봉 인상을 좀 더 쉽게 얻어내기 위해 다른 조건들을 동시에 제안하는 것일 수 있다는 뜻이다.

상대가 양보하는 개수가 아닌 가치를 기준으로 냉정하게 평가하는 것, 그것이 미끼 전술의 덫에서 벗어나는 방법이다.

Answer 3 • 적극적으로 교환하라

하지만 어떤 경우에는 상대가 한꺼번에 많은 제안을 해오는 것이 오히려 고마울 수도 있다. 미끼 전술을 사용하는 상대의 제안을 오히려 역이용할 수 있기 때문이다. 이를 위해선 앞서 설명한 '교환가치'라는 개념을 활용할 필요가 있다. 나와 상대가 특정한 내용에 대해 생각하는 중요도가 다르기 때문에 생기는 가치인 교환가치. 그래서 양측이 중요도를 다르게 매기는 안건들을 많이 찾아낼 때 협상은 쉽게 풀릴 수 있다. 협상 테이블에서 오고 가는 많은 안건을 섞어서, 각자가 중요하게 생각하는 것은 취하고 덜 중요하게 생각하는 것은 상대에게 양보해 협상 전체 파이를 키울 수 있기 때문이다. 이를 협상학에서는 바게닝 믹스Bargaining Mix라고 한다. (8장 '상대와 나의 중요도가 다른 것끼리 교환하라' 참조)

그렇다면 앞의 사례에서 최순진 사장은 어떤 조건들을 제시해 바게닝 믹스를 만들 수 있을까? 납품 물량을 늘려달라는 요구를 할 수도 있고, 대금 결제 방식을 현금으로 전환해달라는 조건을 제시할 수도 있다. 이를 통해 납품 단가 인하로 입을 손해를 만회하면 어떨까? 협상 고수들은 짧은 협상에서도 미끼전술과 같은 기만적 전술을 사용해 상대를 무너뜨리려 한다. 상대가 온갖 전술을 써가며 협상한다 하더라도 두려워할 필요는 없다. 아는 만큼 보이는 법. 협상의 원리를 알고 이에 대응하는 법을 익혀 놓는다면, 상대의 기만적 전술도 당신에겐 그저 '애교'일 뿐이다.

∴ Case 3.
협상이 불가능한 상대는 없다

'무조건 전자'의 왕고집 회장이 덩치에 어울리지 않게 손바닥만 한 계산기와 씨름하고 있다. 침묵의 10여 분이 흐른 뒤, 왕 회장이 드디어 입을 열었다.

"200억 원으로 하시죠? 그 이하는 안 됩니다."

중국에 대규모 생산 공장을 지어 대기업에 납품하는 무조건 전자의 왕고집 회장. 홍콩에 새로운 공장을 짓기 위한 건설업체 선정에서 말도 안 되는 가격을 제안해왔다. 원래 어처구니없는 제안을 하는 걸로 유명했지만 이 정도일 줄이야. 첫 해외 진출임을 고려해서 최소 250억 원까지는 받아들이려 했던 '일등만 건설사', 하지만 예상보다 턱없이 낮은 금액에 다들 얼굴이 하얗게 질렸다.

"200억 원으로 하려면 하고, 말려면 마세요. 중국 건설사는 훨씬 더 싸게 된다던데…. 내일까지 시간을 드리죠."

일방적으로 '통보'하고 자리를 뜨는 왕고집 회장. 일순간 협상장 전체 분위기가 술렁이기 시작했다. 우리 팀은 물론, 상대 회사의 임원들도 왕 회장의 돌발행동에 어쩔 줄 몰라 했다.

그날 밤, 호텔에 모여 내부 회의를 시작한 일등만 건설사. 최소 가격보다 20%나 낮게 부른 상대의 제안을 받아들일 것인가, 포기할 것인가. 섣불리 어떤 말도 할 수 없는 상황에서, 나본전 상무가 말을 꺼냈다.

"오늘 이 협상을 위해, 저희 팀원들과 저는 지난 한 달 동안 새벽 1시 전에 집에 들어간 적이 없습니다. 무리를 해서라도 이번 협상은 타결시켰으면 좋겠습니다."

치열한 준비 과정이 떠오른 듯 떨리는 목소리로 이야기하는 나본전 상무의 의견에 다들 동의하는 분위기다. 나본전 상무가 최종 제안서를 고치려 할 찰나, 가만히 듣고만 있던 최고참 부사장이 입을 열었다.

"나 상무가 여러모로 고생한 것, 충분히 이해합니다. 하지만 지금 조건으로 협상을 타결시킨다면 손해가 너무 큽니다. 작년에 지금과 유사한 규모의 공장 건설을 220억 원에 수주했다고 기뻐했는데, 현재 공장 건설 비용이 턱없이 부족한 상황입니다. 마지노선이 250억 원이라는 것은 수차례 시뮬레이션을 통해 검증되지 않았습니까? 그러니, 이번 협상은 그만하고 한국으로 돌아갑시다."

평소에도 말 없는 카리스마로 유명한 최 부사장의 말에, 나 상무도 마지못해 고개를 끄덕인다. 기껏 애써왔던 일이 물거품이 되었다는 것에 실망하는 사람들의 등을 토닥이는 최 부사장.

한국으로 향하는 공항에서, 최 부사장은 비행기에 오르기 직전까지 '무조건 전자'의 사람들에게 전화를 돌리며 작별 인사를 했다. 나 상무를 비롯한 다른 사람들은 '이미 다 끝난 사람들한테 왜 저러지?'라고 의아해하며 서둘러 비행기에 올랐다.

한국으로 돌아온 후, 최 부사장은 다시 협상팀을 소집했다. 그리고 무슨 꿍꿍이인지 무조건 전자와 관련된 각종 자료 수집을 지시했다. 그들이 해외 건설사와 접촉하고 있다는 구체적인 정보도 입수했다. 그러고는 평소 알고 지내던 기자들과 점심 약속을 가졌다. 며칠 후 언론에서는 '무조건 전자의 새 공장이 중국 건설사에 의해 진행될 것이다'라는 기사가 보도되기 시작했다.

최 부사장은 여전히 상대 회사 사람들과 연락을 주고받으며 관계를 이어가고 있었다. 그러길 한 달, 무조건 전자의 왕고집 회장이 다시 만나자며 연락을 했다.

긴 시간을 돌고 돌아 다시 만난 자리. 상대는 10% 오른 220억 원을 제안했다. 여전히 예상치에 못 미치는 가격에, 최고참 부사장은 가격 제안 없이 준비한 프레젠테이션을 실시했다. 먼저 계약이 체결되었을 때 멋지게 건설될 공장의 모습을 실감 나는 영상으로 보여줬다. 그 후에 평범하게 지어진 건물의 모습을 이어서 보여줬다. 세련되지 못한 건물 외관, 형편없는 편의시설 등 누가 봐도 만족하지 못할 모습이었다. 결국 이 협상은 최 부사장의 제안대로 250억 원으로 타결됐다.

모두가 안 된다고 생각했던 왕고집 회장과의 협상을 성공적으로 마무리한 최고참 부사장, 그의 협상 노하우는 무엇일까?

Answer 1 • 매몰비용Sunk-Cost의 함정에 빠지지 마라

나본전 상무는 '지금까지 들인 노력이 아깝지도 않습니까?'라는 생각에 무리한 요구지만 들어줘야 한다고 주장했다. 나 상무가 이러한 생각을 하게 된 이유는 뭘까? 바로 '매몰비용의 함정'에 빠졌기 때문이다.

매몰비용의 함정은 카지노 같은 도박장에서 쉽게 볼 수 있다. 만약 당신이 도박으로 100만 원을 잃었다면, 그곳을 홀가분한 마음으로 빠져나올 수 있겠는가? 많은 사람들은 '잃은 100만 원이 아까워서' 확률이 낮은 도박에 계속 빠져들게 된다. 이처럼 '본전 생각' 때문에 비합리적인 행동을 계속하는 것이 매몰비용의 함정이다.

   매몰비용은 경제학에서 주로 쓰이는 개념이지만, 협상 상황에서도 자주 활용된다. 특히 경쟁사와의 입찰에서 이 함정에 빠질 확률이 크다. 1988년 미국의 거대 기업인 RJR 나비스코 인수 상황을 살펴보자. 나비스코가 M&A 시장에 처음 나왔을 때 나비스코의 주가는 주당 40달러 수준이었다. 그때 존슨 회장이 주당 75달러라는 꽤 높은 금액으로 인수하겠다는 의사를 보였다. 그러자 월스트리트의 M&A 전문회사인 KKR이 주당 80달러를 부르며 인수전에 뛰어들었다. KKR의 등장에 갑자기 마음이 바빠진 존슨 회장은 다시 가격을 올려 인수 의사를 확실히 밝혔다. 그러자 KKR도 나비스코 인수를 위해 쏟은 노력과 비용을 생각하며 다시 가격을 올렸다. 이미 들어간 시간과 비용의 가치를 생각하게 된 두 업체는 몇 번이나 최종 시한을 연기하며 협상에 임했다. 결국은 KKR이 주당 109달러라는, 주식평가액보다 2.5배 이상 높은 가격으로 인수하게 되었다. KKR은 자존심을 건 싸움에서 승리했지만, 많은 협상가들은 109달러라는 엄청난 가격에 깜짝 놀랐다. 사업성 분석보다 매몰비용의 함정에 빠져 인수 가격이 엄청나게 올랐기 때문이다. KKR은 이기고도 패한, '승자의 저주'에 빠진 것이다.

만약 일등만 건설사가 나본전 상무의 주장에 따라 수주를 진행했다면 어떻게 되었을까? 그 당시에는 협상 타결의 기쁨을 누릴 수 있을지 몰라도, 사업 진행 과정에서 부족한 비용 때문에 그보다 훨씬 더 큰 손해를 봐야 했을 것이다.

그렇다면 매몰비용의 함정에 빠지지 않으려면 어떻게 해야 할까?

Answer 2 • 유보가치 Reservation Value 를 정하라

가격 협상 시 꼭 기억해야 하는 것이 있다. 바로 '유보가치'라는 개념이다. 협상학에서 말하는 유보가치는 "협상 결렬을 선언하고 일어나야 할 시점"이다. 판매자의 경우에는 '적어도 꼭 받아야만 하는 금액'이 되고, 구매자의 경우에는 '지불 가능한 최대 금액'이 된다. 쉽게 말해 '나의 마지노선'을 의미한다. (6장 '객관적 기준부터 정하라' 참조)

많은 사람들이 협상에 나설 때 '이 정도면 되겠지'라고만 생각하고 협상에 임한다. 하지만 성공적인 협상을 하기 위해서는 유보가치를 정확하게 알아야 한다. 유보가치는 크게 2가지 방법으로 정할 수 있다.

첫 번째 방법은 '객관적인 기준'을 통해 정하는 것이다. 협상에서 가격은 다양한 기준을 바탕으로 책정된다. 집값 협상을 할 때는, 공시지가, 주변 시세, 최근 거래 가격 등이 기준이 되고, 이를 통해 유보가치를 정할 수 있다.

두 번째 방법은 배트나를 통해 정하는 것이다. 예를 들어 연봉 협상을 앞두고 경쟁사에서 7,000만 원에 스카우트 제안을 해왔다면, 당신은 회사에 적어도 7,000만 원은 달라고 이야기할 배트나가 생긴 셈이다. 그리고 이것을 당신의 유보가치로 정할 수 있다.

앞의 상황에서 최고참 부사장은 객관적 기준을 활용해 유보가치를 정했다. 유사한 규모의 공장 건설에 220억 원도 턱없이 부족하다는 전례, 수차례 시뮬레이션을 통해 검증된 예산 규모 등을 기준으로 250억 원이라는 유보가치를 확인했다.

최 부사장은 자신의 마지노선인 유보가치보다 20%나 낮은 금액은 절대 불가능하다고 판단했다. 그래서 현 상황에서 더 이상의 협상은 무의미함을 깨닫고 협상 종료를 선언했다.

대부분의 협상에서 가장 강하게 부딪치는 가격 문제를 명확하게 해결하기 위해서는 최고참 부사장과 같이 유보가치를 정확히 파악하는 것이 꼭 필요하다. 그렇다면 가격 조건이 맞지 않으면 협상을 무조건 하지 말아야 할까?

Answer 3 • 제3의 힘을 이용하라

목적지에 도착하기 위한 길이 하나뿐인 경우는 거의 없다. 이는 협상에서도 마찬가지다. 최고참 부사장은 이미 계약 성사가 물건너갔음에도, 공항을 떠나기 전에 무조건 전자의 사람들에게 일일이 전화하며 인사를 나눴다. 그리고 무조건 전자에 대한 정보를 모으는 데 힘을 쏟았다.

이는 재협상 기회를 노리는 최 부사장의 협상 노하우였다. 무조건 전자가 해외 건설사와 접촉한다는 정보를 입수한 최 부사장은 이를 언론에 자연스럽게 전했다. '무조건 전자가 국내 건설사를 두고 해외 건설사에 공사를 맡기려 한다'는 정보가 언론을 통해 사람들에게 알려진 것이다. 7개월 전에도 '해외 건설사들에게만 좋은 공사 기회를 몰아준다'는 비판을 받아 여론의 뭇매를 맞았던 무조건 전자는, 또 한 번 그런 일이 발생할까 봐 전전긍긍하고 있었다.

이때 무조건 전자의 실무진들이 최 부사장의 제안을 적극적으로 검토하기 시작했다. 협상이 깨진 이후에도 꾸준히 연락을 하며 신뢰를 쌓은 덕분이다. 그래서 넌지시 왕고집 회장에게 최고참 부사장과 다시 협상해볼 것을 건의했다.

왕고집 회장처럼 막무가내인 상대와 협상을 잘하려면 어떻게 해야 할까? 다양한 방법이 있지만, 최고참 부사장과 같이 언론 등 제3의 힘을 이용하는 것은 종종 큰 힘을 발휘한다. 협상은 협상 당사자 몇 사람에 의해서만 결정되는 것이 아니다. 관점을 바꿔 제3의 힘을 활용하면 새로운 해결책을 찾을 수도 있다. (7장 '열쇠는 다른 곳에 있다, 히든메이커를 찾아라!' 참조)

자, 우여곡절 끝에 다시 만나게 된 최고참 부사장과 왕고집 회장. 이제 어떻게 제안해야 왕고집 회장의 마음을 움직일 수 있을까?

Answer 4 • 손실 회피 심리를 자극하라

재협상 자리에서 왕고집 회장으로부터 220억 원이라는 낮은 금액을 제안받은 최고참 부사장. 이 상황에서 보통은 또다시 금액 협상을 시작한다. '우리의 제안은 250억 원입니다'로 시작해 '왜 그 정도 비용이 꼭 필요한지'를 설득하려 한다. 하지만 최 부사장의 접근은 달랐다.

그는 왕 회장의 제안을 받고도 금액 얘기는 입 밖에 꺼내지 않았다. 대신, 먼저 일등만 건설사와 사업을 추진했을 때 만들어질 멋진 공장의 모습을 화려한 3D 입체 영상을 통해 실감 나게 보여줬다. 태양열 발전을 사용해 유지비를 낮춘 설비, 공장인지 사무실인지 모를 만큼 깔끔한 내부 인테리어 등, 꿈꾸던 것 이상의 모습이 화면에 나타났다. 이를 통해 일등만 건설사와 계약하는 것이 얼마나 현명한 선택인지를 간접체험하게 한 것. 모든 사람들이 기대 이상의 공장 시설에 감탄하고 있던 찰나, 갑자기 삭막한 공장의 모습으로 화면이 바뀌었다. 새로 지은 공장의 깨끗함 등은 찾아볼 수 없었다. 어리둥절한 표정의 사람들에게 최고참 부사장이 질문을 했다.

"먼저 보여드린 상황은 저희가 생각한 250억 원으로 공사가 진행되었을 때의 모습입니다. 지금 보시는 모습은 무조건 전자가 제시한 가격 수준에서 공사를 할 경우의 모습입니다. 어떤 것을 선택하시겠습니까?"

최고참 부사장의 질문을 받은 왕고집 회장. 한참 고민 끝에 최고참 부사장의 제안대로 250억 원에 협상을 타결했다.

요지부동이던 왕고집 회장이 결정을 바꾼 이유는 무엇일까? 이는 행동경제학에서 '손실 회피 심리'라고 부르는 것과 연관된다. 사람은 한번 자기 손에 들어온 것을 쉽게 놓지 않으려 한다는 것이 손실 회피 심리의 핵심이다. (4장, '상대가 잃게 될 것을 일깨워라' 참조)

최고참 부사장도 이를 아주 잘 활용했다. 자신이 제안한 금액으로 만들어낼 수 있는 최상의 상황을 먼저 보여줘서 왕 회장에게 '우리의 공장이 최고 수준이 되겠구나!'라는 인식을 심어놓은 것이다. 그런 뒤에 그저 그런 상황을 보여주자, 왕 회장은 '아까 봤던 최고의 상황'을 되찾고 싶은 욕심이 생겼다. 손실 회피 심리를 이용해 왕 회장의 마음을 움직인 것이다.

협상은 로봇이 아닌 '사람'과의 커뮤니케이션이다. 그래서 협상을 잘하기 위해서는 사람의 심리를 정확하게 이해해야 한다. 심리 상태를 읽어내는 사람은 상대의 행동을 이끌어낼 수 있다. 협상에서 성공하고 싶은가? 상대의 심리를 이해하라. 그러면 당신도 최고의 협상가가 될 수 있다.

에 필 로 그

협상은
한 판의 전투가 아니다

누구나 돈을 벌고 싶어 한다. 기업은 말할 것도 없다. 그렇다면 어떻게 해야 돈을 벌 수 있을까? 간단하다. 비용을 줄이거나 이윤을 늘리면 된다.

비용은 어떻게 줄일 수 있을까? 가장 흔한 게 바로 눈에 보이는 비용, 즉 낭비를 줄이는 것이다. 이면지 쓰기, 점심시간마다 불 끄기, 종이컵 안 쓰기 등 '절약 운동'을 하면 된다. 하지만 이건 자잘하고 피곤하다. 짜증도 난다. 게다가 효과도 크지 않다. 마른 걸레를 쥐어짜봐야 떨어지는 물은 몇 방울 되지 않는 법이다.

그럼 두 번째 방법, 이윤을 많이 남기는 건 어떨까? 이윤을 많이 남기려면 싸게 사서 비싸게 팔아야 한다. 이 방법은 쉽지 않다. 머리를 많이 써야 한다. 하지만 효과는 크다. 예를 들어보자. 지금껏 개당 1만 원에 사오던 물건이 있는데, 협상을 잘해 단가를 3% 깎았다면? 개당 300원의 추가 이익이 생긴다. 만약 그 계약이 1만 개짜리라면, 한 번의 협상으로 300만 원을 아끼게 된다. 어떤가? 이 방법이 이면지를 써서 300만 원어치 종잇값을 아끼는 것보다 훨씬 낫다.

단가를 3% 낮춰 이윤을 높이는 것, 이것이 협상의 힘이다. 지혜로운 협상을 할 줄 안다면 무리해서 생산설비를 바꾸거나, 시스템을 개선하거나, 허리띠를 졸라매며 구성원의 희생을 강요하지 않아도 된다. 그래서 비즈니스에서 협상력은 아주 중요하다. 비교적 큰 희생 없이 만족스런 성과를 거둘 수 있기 때문이다.

하지만 협상을 '잘하는' 기업인들은 많지 않다. 협상에 대해 어렵게만 생각하기 때문이다.

당신은 '협상' 하면 어떤 생각이 떠오르는가? 사람들에게 물으면 이런 답변들이 나온다. "팽팽한 분위기에서 서로 제안을 주고받으며 신경전을 벌이는 것 아닌가요?" "국가나 회사의 이익을 생각해 각종 협상 전술을 이용하는 것 같습니다." 틀린 얘기는 아니다. 하지만 협상에 대해 이렇게 전투적으로만 생각하면 협상은 '지면 죽는' 전쟁이 되고, 점점 어렵게 느껴진다.

협상 워크숍을 진행하면서 참석자들에게 힘 좀 쓰게 할 때가 있다. 바로 '팔씨름 게임'을 할 때다. 게임의 룰은 간단하다. 2명씩 짝지어 팔씨름을 해서 내가 상대를 넘기면 1점 획득, 상대가 나를 넘기면 상대가 1점을 얻는다. 30초 동안 최대한 많은 점수를 얻는 것이 이 게임의 목적이다. '시작!' 소리와 함께 너나 할 것 없이 상대를 넘기려 안간힘을 쓴다. 빨리, 여러 번 이길수록 큰 점수를 얻지만, 서로 힘이 엇비슷해서 쉽게 승부가 갈리지 않는다. 제한시간이 지난 다음 결과를 확인해보면 가장 점수를 많이 딴 사람이 5점, 대부분은 1~2점 수준이다. 매번 반복해도 결과는 비슷하다. 참석자들이 숨을 고르고 난 뒤, 이렇게 말한다.

"여러분, 저는 이 게임을 통해 점수를 많이 따라고 말씀드렸습니다. 제가 힘겨루기해서 상대방을 이기라고 말씀드렸나요?"

이 질문에 강의장은 조용해진다.

"협상도 마찬가지입니다. 주지 않고 상대를 이기려고만 하니까 협상이 힘든 것입니다. 그래봐야 1~2점 얻는 데 그치고 말죠. 힘은 힘대로 다 빼고."

이 말에 참석자들은 무릎을 치며 고개를 끄덕인다. 참석자들이 팔씨름 게임에서 젖 먹던 힘을 쥐어짜며 이기려고 노력한 이유는 협상에 대해 잘못된 인식을 가지고 있기 때문이다. '협상'이라고 하면 흔히 '내가 원하는 것을 얻기 위한 싸움'이라고만 생각한 것. 그래서 누군가를 이겨야만 내가 승리할 수 있는 제로섬게임이라고 생각한다.

하지만 '진짜' 협상가는 싸우지 않는다. 상대가 왜 그런 생각을 갖고 있는지, 진정으로 원하는 것은 무엇인지 등을 충분히 분석해 그와 나의 입장을 동시에 만족시킬 수 있는 다양한 대안들을 만들기 위해 노력한다. 그리고 협상이 끝난 뒤 상대의 감정까지 좋게 만든다. 협상 결과뿐 아니라 더 좋은 '관계'까지 만들어내는 것, 이것이 진정한 의미의 협상이다.

자, 그럼 상대와 좋은 관계를 맺으면서 만족스런 협상 결과를 얻으려면 어떻게 해야 할까? 협상에 대한 인식을 바꿔야 한다. 상대를 나의 '적'이 아닌, 함께 문제를 풀어갈 '파트너'로 인식하는 것이다.

상대를 '적'으로 느끼는 이유는, 상대와 나의 이해관계가 충돌하는 부분에만 초점을 맞추기 때문이다. '적'과 협상하는 건 당연히 어렵다. 하지만 상대를 파트너로 인식한다면, 그 관계에 있는 다른 많은 것들도 보이기 시작한다. 이 모든 맥락을 고려하는 게 고수의 협상이다. 협상의 고수들은 나와 이해관계가 얽혀 있는 사람들을 만나 대화하는 과정 전체를 협상으로 이해한다. 거래처 담당자를 만나 '주말에 뭘 했는지' '아이는 잘 크는지' 묻는 사소한 대화가 모두 협상의 일부라는 의미다. 사소한 대화를 통해 서로에 대해 알아가고, 이 과정에서 상대와 '감정적 유대감'을 쌓는 것. 이것이 양측 모두 만족할 만한 협상 결과를 만들어내는 중요한 토대가 될 수 있다. 그리고 이것이 뒷받침될 때 당신의 비즈니스도 자연히 함께 성장한다.

협상은 생각보다 어렵지 않다. 그리고 그리 멀지 않다. 협상에 대한 인식을 넓히는 것, 그것이 성공적인 협상을 위한 첫걸음이다. 자, 혹시 아직도 직원들에게 '이면지 쓰기 운동'을 하는 게 기업이 돈 버는 가장 좋은 방법이라고 생각하고 있는가? 답은 어렵지 않다.

상대를 나의 '적'이 아닌 '파트너'로 만드는 가장 빠른 방법, 협상을 하면 된다.

그래서 협상은 이제, 선택이 아니라 필수다.

참 고 문 헌

1 스튜어트 다이아몬드, 《어떻게 원하는 것을 얻는가》, 8.0, 2011
2 "연봉 조정 신청한 이대호, 왜?", 스포츠조선, 2011년 1월 10일
3 로이 레위키·데이빗 손더스·부르스 베리·존 민턴, 《협상의 즐거움》, 스마트비즈니스, 2008
4 "일본 진출 이대호 '오릭스 우승 이끌겠다'", 연합뉴스, 2011년 12월 6일
5 로저 피셔·윌리엄 유리·브루스 패튼, 《Yes를 이끌어 내는 협상법》, 장락, 2003
6 디펙 맬호트라·맥스 베이저먼, 《협상천재》, 웅진지식하우스, 2008
7 안세영, 《CEO는 낙타와도 협상한다》, 삼성경제연구소, 2005
8 리처드 셸, 《협상의 전략》, 김영사, 2006
9 "'돈보다 명예' 박찬호, 최저 연봉에 한화 입단", SBS, 2011년 12월 20일
10 "협상학의 대가 스튜어트 다이아몬드", 중앙일보, 2010년 9월 4일
11 EBS, 〈인간의 두얼굴 2 □ 착각의 진실〉, 2009년 4월 27일
12 이현우, 《사람의 마음을 움직이는 설득 심리》, 더난출판사, 2002
13 게빈 케네디, 《협상이 즐겁다》, W미디어, 2006
14 로저 피셔·윌리엄 유리·브루스 패튼, 《Yes를 이끌어 내는 협상법》, 장락, 2003(재구성)

15 디팩 맬호트라·맥스 베이저먼,《협상 천재》, 웅진지식하우스, 2008

16 "카타르, 2022년 월드컵 유치… 단점을 장점으로 바꾼 '역발상'의 승리", 한국경제, 2010년 12월 10일

17 EBS,〈인간의 두얼굴 2 – 긍정적 착각〉, 2009년 4월 29일

18 리처드 셸,《협상의 전략》, 김영사, 2006

19 리처드 셸·마리오 무사,《구애의 기술》, 북섬, 2008

20 로저 피셔·윌리엄 유리·브루스 패튼,《Yes를 이끌어 내는 협상법》, 장락, 2003

21 리처드 셸,《협상의 전략》, 김영사, 2006

22 "쫓기던 쥐, 고양이를 물어뜯다 - 대우차 매각협상 1000일 秘史", 신동아, 2002년 6월호

23 "'롯데쇼핑+하이마트' 공정위 결합심사 '복병'", 머니투데이, 2012년 7월 12일

24 "'어떻게 원하는 것을 얻는가' 저자 스튜어트 다이아몬드 美와튼스쿨 교수", 조선일보, 2012년 2월 18일

25 스튜어트 다이아몬드,《어떻게 원하는 것을 얻는가》, 8.0, 2011

26 김기홍,《서희, 협상을 말하다》, 새로운제안, 2004

27 안세영,《글로벌 협상 전략》, 박영사, 2006

28 김주환,《회복탄력성》, 위즈덤하우스, 2011

29 크리스토퍼 시,《이코노믹 액션》, 북돋움, 2008

30 리 톰슨,《지성과 감성의 협상 기술》, 한울아카데미, 2010

31 "풋백옵션 문제점 - 5천억에 팔린 제일銀 하자보수에 5조 들어", 한국경제, 2001년 12월 18일

32 "'양날의 칼' 풋백옵션… M&A 손쉽게 하지만 치명적 리스크 내포", 매일경제, 2010년 1월 8일

33 로저 피셔·윌리엄 유리·브루스 패튼,《Yes를 이끌어 내는 협상법》, 장락, 2003

34 강영진,《갈등 해결의 지혜》, 일빛, 2009

35 "'다이소'發 유통 혁명 - 1000원이 만드는 '스마트 소비'", 한경 Business 768호, 2010년 8월 25일

36 "박리다매 '다이소'에 손님 점점 몰리는 까닭은?", 동아일보, 2010년 12월 4일

37 강영진,《갈등 해결의 지혜》, 일빛, 2009

38 "국산키위 '개방 파고' 어떻게 넘었나…", 세계일보, 2007년 4월 12일

39 신정수,《전략적 협상가》, 무한, 2006

40 안세영,《글로벌 협상 전략》, 박영사, 2006 (재인용)

지은이

최철규 | 삼성, LG, 포스코, SK 등 국내 100대 기업 절반 이상과 3만여 명의 비즈니스 리더들에게 전략적 커뮤니케이션 원리를 전파한 협상 전문가. 비즈니스 리더는 물론, 대한민국 대사 100여 명에게 협상의 원리를 강의했다. 한국경제신문사 기자로 일할 당시 기자협회 '이달의 기자상'을 수상했고, 이후 경영자와 컨설턴트로 활동하며 협상 전문가로 명성을 얻었다. 현재 HSG 휴먼솔루션그룹 가치협상스쿨 원장으로 일하며 여러 기업의 협상 전략 수립을 돕고 있다. CEO 전문 교육기관인 IGM 세계경영연구원 부원장 및 협상스쿨 원장을 지냈고, 조선일보에 '최철규의 소통리더십' '최철규의 핫이슈 경영' 등 고정칼럼을 연재 중이다. 《협상의 10계명》을 공동 저술했으며 《성공하려면 협상가가 되라》를 번역했다. 연세대에서 정치외교학을 전공했으며 런던정경대(LSE) 대학원을 졸업했다.

김한솔 | 사람과 사람 사이의 문제를 풀어가는 데 '언어'가 미치는 영향을 연구하고, 효과적인 문제 해결 방법을 찾는 커뮤니케이터. 공연 연출을 하며 관객과 소통하는 법을 체득했고, IGM 세계경영연구원 협상 R&D 팀장을 지내며 다양한 기업의 소통 전략 수립을 도왔다. 현재 HSG 휴먼솔루션그룹 R&D 실에서 강의와 컨설팅을 하며 조직의 성과 향상을 돕고 있다. 동아비즈니스리뷰, 조선일보 Weekly Biz, 주간동아 등에서 고정 칼럼니스트로 활동 중이다. 역서로 《니고시옥션》이 있다. 서강대 신문방송학과를 졸업하고, 동 대학 커뮤니케이션학 석사를 마쳤다. 켈로그경영대학원에서 협상과정을 수료했다.

협상은 감정이다

2013년 6월 5일 초판 1쇄 | 2025년 6월 11일 19쇄 발행

지은이 최철규, 김한솔
펴낸이 이원주

기획개발실 강소라, 김유경, 강동욱, 박인애, 류지혜, 고정용, 이채은, 최연서
마케팅실 양근모, 권금숙, 양봉호 **온라인홍보팀** 신하은, 현나래, 최혜빈
디자인실 진미나, 윤민지, 정은예 **디지털콘텐츠팀** 최은정 **해외기획팀** 우정민, 배혜림, 정혜인
경영지원실 강신우, 김현우, 이윤재 **제작실** 이진영
펴낸곳 (주)쌤앤파커스 **출판신고** 2006년 9월 25일 제406-2006-000210호
주소 서울시 마포구 월드컵북로 396 누리꿈스퀘어 비즈니스타워 18층
전화 02-6712-9800 **팩스** 02-6712-9810 **이메일** info@smpk.kr

ⓒ 장문정 (저작권자와 맺은 특약에 따라 검인을 생략합니다)
ISBN 978-89-6570-151-4 (03320)

- 이 책은 저작권법에 따라 보호받는 저작물이므로 무단전재와 무단복제를 금지하며, 이 책 내용의 전부 또는 일부를 이용하려면 반드시 저작권자와 (주)쌤앤파커스의 서면동의를 받아야 합니다.
- 잘못된 책은 구입하신 서점에서 바꿔드립니다.
- 책값은 뒤표지에 있습니다.

쌤앤파커스(Sam&Parkers)는 독자 여러분의 책에 관한 아이디어와 원고 투고를 설레는 마음으로 기다리고 있습니다. 책으로 엮기를 원하는 아이디어가 있으신 분은 이메일 book@smpk.kr로 간단한 개요와 취지, 연락처 등을 보내주세요. 머뭇거리지 말고 문을 두드리세요. 길이 열립니다.